شاه گم‌شدهٔ شطرنج

- دفتر شعر حسیب احراری -

Barmakids Press

Barmakids Press, Toronto Canada.
www.Barmakids.com
info@barmakids.com
Copyright © 2024 by Barmakids Press

ISBN: 978-1-0688562-8-0

All rights reserved. No part of this book may be reproduced, stored in a retrieval system or transmitted in any form or by any means — electronic, mechanical, photocopying, and recording or otherwise — without the prior written permission of the author or the publisher, except for brief passages quoted by a reviewer in a newspaper or magazine. To perform any of the above is an infringement of copyright law.

Available from major online stores

شناسه کتاب

نام کتاب: شاه گم‌شدهٔ شطرنج
شاعر: حسیب احراری
طراح جلد: محمد علی احسان
ناشر: انتشارات برمکیان
سال چاپ: ۲۰۲۵ میلادی

حقوق تألیف و چاپ این کتاب محفوظ و نقل مطالب آن به هر عنوان و ترتیب بدون اجازهٔ کتبی نویسنده و یا ناشر ممنوع است.

به نام خدا

Barmakids Press

فهرست اشعار

ریختی از کوزه‌یی زندگی ۱

نگاشتی بر چیستی شعر و کیستی شاعر و گام نیمه‌ای نقد ۹

غزل‌ها ۱۹

عجب بازار گرم و آهن پرمشتری‌ست این‌جا ۲۰

هرکسی داشت به پیشانی ما سنگ می‌زد ۲۲

من که فاقد ز کمالم کجا خواهم رفت ۲۴

می‌خزد شاهین در چنگال ماغ ۲۶

جنگل مقام و مسند خیل شغال بود ۲۸

جمعی به کمین‌اند جهان را بفروشند ۳۰

ققنوس نفس راست بلندبالی خود شو ۳۲

نگاه صورت سبحانی چشم سر نمی‌خواهد ۳۴

قدم تا من در این هستی نهادم نیستی دیدم	۳۶
نبیند کاش گنجشک هوا بی‌هم‌نوایی را	۳۸
به تب شعله‌یی یک آهِ نفس‌گیر قسم	۴۰
ای اهل جهان عشق دگر رام بشر نیست	۴۲
یک ذره به درد دل آفاق نخوردی	۴۴
ارچند که خدا ورد زبان تو روان است	۴۶
غم دریادلان را یک دل دریایی می‌فهمد	۴۸
ربابی بنوازید که رقاصه خزان است	۵۰
روزی که دلم دلم دلم گیر افتاد	۵۲
تو گرخواهی از تاجیکی دل بری	۵۵
ای شما هم‌شیوه‌ی شیادها	۵۷
با زاهد دیوانه سر و کاری ندارم	۵۹
ببین معشوق‌هایت با تو ای عاشق چه‌ها کرده	۶۲
به خدای که جهان را پس از فلاک سرشت	۶۵
چیست این آرزو که من دارم	۶۷
آسمان خیلی بلند و سخت بود خیلی زمین	۶۹
قدم تا من در این هستی نهادم نیستی دیدم	۷۱
قمار عشق تاوانی ندارد	۷۳
گریزانم از آن قومی که کابین شهی بر دوش بگذارند	۷۵
نه تنها حالم از دیدار اوضاع بشر این است	۷۷
گفت پیغمبر بیاموز علم دین	۷۹
ای ره‌گذران بر من گذری	۸۱
موسیقی در حوادثی شد فوت	۸۳

بیا زردشت آتش‌زن که سوختن آرزو دارم	85
گه در آغوش تو غزل خوانم	87
مستان شدم مستان شدم غلطان شدم غلطان شدم	89
ای نغمه‌سرا ساز و بم و پرده کجا شد	92
درد هجران نکرده تاثیرم	94
زندگی تقدیر نیست تحریر است	96
ای فلک حیف که مسعود تونیست	98
ای رفیقِ کج کلاهِ راست گوی	100
یاد باد آندم که پیش‌آهنگ ما مسعود بود	102
با کلاهِ کجت ای دوست چه راستی کردی	104
وای بر تو کفتر مکاره‌ام	106
بتا با نیش ابرویت گزیدی‌ام گزیدی‌ام	108
ز روزی بترسید که اعلان شود	110
بروید سگان سال‌خورده خانه محتاج پاسبانی نیست	112
بلخ من امروز گریانی چرا	114
ای مرغ وحش لانه‌یی خود را فروختی	117
رهبران را چه غم از ره رو بی‌پای غریب	119
به تاریخ نبینید که بدنام شدیم	121
صدای می‌رسد در گوش من از نام آزادی	123
با دو چشمان سیاهت شب‌نشینی می‌کنم	125
مرا با این همه تلخی و تندی‌ها قناعت کن	127
نفهمیدی ز هجرانت کجا بودم نمی‌دیدی	129
این چه نوری‌ست مرا بی‌سرو سامانه نمود	131

مشامم خوشه از رخسار مشکین تو می‌بوید	۱۳۳
عزیزم، جان من، باری بیا پادرمیانی کن	۱۳۵
کاش می‌شد کوزه می‌بودی و در می‌داشتی	۱۳۷
غمی در دل ندارد ذره‌یی دولت‌مدار ما	۱۳۹
به بازی‌بازی دل بردی کجا بردی چه‌ها کردی	۱۴۱
چرا با تیغ هجران می‌کُشیدم	۱۴۳
ای به غفلت خفته ملت باز خاموشی که چه	۱۴۵
یکی امشب از غبار می‌آید	۱۴۷
می‌رود دریا ز چشمانم کران‌ها تا کران	۱۴۹
شنبه‌ها تشویش کار آدینه‌ها در انفجار	۱۵۱
سرمه از چشم یتیم بی‌بضاعت می‌زنید	۱۵۳
تا چو افتاد سرنوشت کار من با کار تو	۱۵۵
مردگان آیینه‌دار زندگان ما شدند	۱۵۷
گسستم تار تزویر و گره کور چشمانم	۱۵۹
مطرب زلف تو بودم عابرم کردی چنین	۱۶۱
خرمن دیوانگی آتش گرفت	۱۶۳
ای خراسان بزرگ و سربلند	۱۶۵
منال ای ستم‌دیده از درد تن	۱۶۷
چه سازی باز می‌سوزد به سازش ساز سارنگم	۱۶۹
غمین است نغمه‌ام گیتارم آوازی نمی‌آرد	۱۷۱
چه تیغی دلکشی داری چه دست پرتوان ای دل	۱۷۳
وجد بیدل گه‌گهی مست شرابم می‌کند	۱۷۵
از دو چشمان بخارا اشک کابل می‌چکید	۱۷۷

آسمان بی‌ابر و اما سقف کابل می‌چکید	۱۷۹
شب می‌رود ز دستم شب‌زنده‌دار خدا را	۱۸۱
یک شب تاریک می‌گفتم سحر	۱۸۳
مثل یک سایه‌یی وحشت‌زده دنبالم آمد	۱۹۱
نیم گل تا به بستانی گرو گردم به عطرافشی	۱۹۴
بیدل هرجا بیکرانی‌هاست امواج تو است	۱۹۶
تو را آغوش می‌دادم که ناگه هوش گم‌کردم	۱۹۹
یک علامه بی‌علل بر مرهم معلول نخاست	۲۰۱
ز بدمستی هستی نیستی آور به دست ای دل	۲۰۳
تا قلم در دست می‌گیرم سخن گم می‌کنم	۲۰۵
بهار اشک‌فشانی دارم ای دوست	۲۰۷
پروا نکن پروانه شو آتش حریف مرد تُست	۲۰۹
به هر اندازه از نالیدن من نی زند شادی	۲۱۱
چه عجب نشسته در دل غم بی‌حیایت امشب	۲۱۳
نی تمنای بهشت ما را نه سودای زمین	۲۱۵
گرفت سیر نجوم برتری از سر کلاهم را	۲۱۷
شیون من نه از آن است که آشفته تنم	۲۱۹
پر شد انبار جهان از زوزه‌یی بیدادگر	۲۲۱
گفتی طاووسی جز از عالم بالا نچری	۲۲۳
می‌تراشد کلک وحدت پیکرم	۲۲۵
من چه در بی‌همزبانی ناله‌یی شب‌گیر کنم	۲۲۷
مبادا دامن عشرت ز دست عاشقان کوتاه	۲۲۹
من موج بی‌کرانه‌ی دریاستم مگر	۲۳۱

به تدبیری که من جُستم جهانی را نه جستن بِه	۲۳۳
نازنینم ناز کن از ناز می‌ترسی، نترس	۲۳۵
های پیراهن‌خوش پاییز من	۲۳۸
سرا سرا که سوز دلم را سراغ گیری	۲۴۰
جهان درگیر جنگ است و بشر در فکر درگیری	۲۴۲
هستی نازیبا اگر زیباست نقاشش تویی	۲۴۴
چرا این کوچه‌ها از تابش مهتاب می‌ترسند	۲۴۶
زندگی مار منقش گشته دورادور من	۲۴۸
ما الاغان زمانیم کیست پالان‌دوز ما	۲۵۰
غلط گویم اگر گویم که مومن یا مسلمانی	۲۵۲
سینه ایران است پروردم میانش من دلی	۲۵۴
می‌گریزی از من و هرگاه می‌جویم تو را	۲۵۶
از فلسفه جز خامی چیزی دگری کو او	۲۵۸
لانه‌یی در چشم آزادی ز شبنم بافتم	۲۶۰
خر از این‌که بار مردم می‌برد خر می‌شود	۲۶۲
سرم را ساغر و دل را شراب ناب می‌سازم	۲۶۴
اسیر پنجه‌یی خاکم ز سنگ راه جدا دارم	۲۶۶
من آن آهویی بی‌همراه صحرای وطن استم	۲۶۸
نیست شهری تا برقصم مردمانش کف زنند	۲۷۰
شنا در اشک کردم ساحت ساحل نمی‌بینم	۲۷۲
ماکجاییم که جهان نیست حضورش این‌جا	۲۷۴
در این جنگل که انبوه درختان دشمن نور است	۲۷۶
دلش دریا و چشمش می‌نماید آفتابی را	۲۷۸

چه چون آینه حیرانِ زهم‌پاشیدن خویش است	۲۸۰
ذات افرنگ را خدای دیگر است	۲۸۲
تو گردن نهادی به پیش خدای	۲۸۴
چه گویم چه شد با زمین خدا	۲۸۹
فروش خویش و آزدگی رو بخر	۳۰۰
خرد خواستی خردمند بجوی	۳۰۳
گاه ساقی گاه مرشد گاه مست	۳۰۶
خاک و خورشید از قضا عقدی ببست	۳۴۴
چرخ گردون را به چرخ آرد خدا	۳۵۴
چه آسیبی رسید عیشِ مدامِ کامرانان را	۳۶۳
ای دیده ببین قلبه‌یی ویران حقیقت	۳۶۷
از میله‌یی گلوی من امشب نوا رمید	۳۷۰
تو گفتی چیستم، نورِ خراسان	۳۷۳
درد آسایش کجا از رنج وجدان کم‌تر است	۳۷۵

ناتکمیل غزل‌ها ... ۳۷۷

تک‌بیت‌ها ... ۳۸۷

دوبیتی‌ها و رباعیات ... ۴۲۳

نیمایی و سپیدسرودها ... ۴۹۷

ریختی از کوزه‌یی زندگی

مادرم سی‌وپنج سال پس از ازدواجش من را در دژی به نام «پنج‌شیر» که خاکش را انبوه بادهای برخواسته‌ای وزش‌گاه عشق آورده است، زایید؛ و تا چشم باز نمودم پاهایم را دیدم، نمی‌دانستم به چه دردی می‌خوردند و چند آدمی که نمی‌فهمم آن وقت در مورد آن‌ها چه فکری داشتم، و زمین را دیدم و با کوچه‌ی که از آن‌طرفش پدرم سوی خانه می‌آمد آشنا شدم و بهار را بوییدم و با تابستان گرمم شد و میان خزان خزیدم و در زمستان خنک خوردم و منتظر بودم چیز متفاوت‌تری دیگر بعد این‌ها ببینم که بازهم بهار رسید و فهمیدم که واژه‌ی«تکرار»(دوباره شدن)معنا می‌دهد و گریختم سوی کوه، سوی دریا، سوی جنگل، سوی دشت، سوی صحرا تا رسیدم به خودم و دلم را یافتم و قلبم را لمس کردم و به احساسم دست زدم و دستم را بردم و با لنز دورنمای فطرتم از طبیعت پهناور جهان عکس‌ها گرفتم و از بره‌های آغلِ

برادر «آخرت» که نامش را پیش از هستی شدنش "دنیا" گذاشته بودند، پشمی دزدیدم و بُرسی ساختم در ته آستینم پنهانش کردم تا کسی متوجه‌ام نشود و رفتم از رخ گل‌پونه‌های کنار رودخانه‌ی روستای آبایی و از بته‌های کوهی خودروییده رنگ پراندم و از لبان تمامی گنجشک‌های ده که از چشمه‌های نور آب نوشیده بودند، قطره‌آبی برداشتم و در کاغذ کبود آسمان رویاهایم شروع به نقاشی کردم. هیچ‌کس این هنرم را در من جدی نمی‌گرفت جز خودم! از چهار برادرم یکی مانند من نقاش بود؛ نه! من مانند او نقاش بودم یعنی متاثر از او بودم، چاره‌ی نداشتم چرا که او سن بسیار داشت و من کوچک بودم او پسر سوم پدرم بود و من پسر آخر. آخوند مسجد قریه‌ی ما می‌گفت خدا دوست ندارد نقاشی را و من دوست داشتم نقاشی کنم! دشت نقاشی کردم و کاروان نور رویش گذاشتم و بی‌خداحافظ سفر در پیش گرفتم، مهر نقاشی کردم و بُردم در شهر و در بازار و در کوچه-پس‌کوچه‌ها فروختم به هر آدمی که دستش تهی از خوبی‌ست، تار نقاشی کردم و نواختم ساز آهنگ بشر را و سمفونی آزادی را بر گوش مردمان بومی میله‌باور، بال نقاشی کردم و در بازوی زخمی‌طاووسی پینه زدم و از پرواز تابلوی ساختم آویختم روی دیوارهای دنیا، خاک نقاشی کردم و گذاشتم در کف جانم و در ته قلبم و در گاوصندوق ایمان خویش نهانش نمودم تا دست هرخودخواي بیگانه از خاکم باشد، آب نقاشی کردم پاشیدمش در قلب آتش‌های صحرا تا شکست شعله را مرغان حیران بیابانی ببینند، ماه

نقاشی کردم و نیمه‌شب در دست شبی دادمش که از سیاهی سراغ نور می‌دوید تا به بیداری رساند چشم نابینای ظلمت را، راه نقاشی کردم سپردمش پیش پای پرستوی‌های تنگ‌دل از هجوم زاغان سیه‌فکر، چشم نقاشی کردم و دادمش کادو بر کوران مادرزاد، فکر نقاشی کردم راحتش ماندم و فراخواندمش به بیابان و به جنگل و به دریا و به خورشید و در پهلوی هنر، عشق نقاشی کردم و نامش را شهوت پروانه‌های خفته در آغوش گرم شمع گذاریدم و بعد از آن نقش من در زندگی نقاشی کردن است و تا چراغ در چشم دارم تابلو می‌کشم و احساس را هم نقاشی کرده‌ام اما زبانم نمی‌تواند با کلام این‌جا نقاشی‌اش کند و در سیر سیاره‌ها بودم که کسی صدایم زد و دانستم اسم من را «حسیب‌الله» گذاریده اند که ناگهان زنگ مکتب به صدا آمد و دوازده سال الف، ب، ت، ث گفتم و هر کدام این حرف‌ها می‌خواستند من را بدزدند اما به حرف [ش] که رسیدم زندگی صدایم کرد و قایقی ساخت برایم و پرتابم کرد در بحر ناپیداکران قلمرو ققنوس که از آن سر دیگرش آبشار نور رحمت از گلوی آفریدگار می‌ریخت و ره‌زدم و هی رفتم و دیگر بر نگشتم، بس زیبا بود دریای موج‌خیز شعر و ساحل فراخ شاعرانه‌گی و اکنون که من این متن را می‌نویسم بیست و هشت سال و هشت ماه و چهار روز از آن سی و پنج سال می‌گذرد.

پیشامد نام خانوادگی‌ام روزی بود که تازه از بستر خواب کودکی برخواسته بودم و می‌خواستم صورتم به آب نیم‌جوانی شست‌وشو کنم که پدرم برایم

"احراری" با پیشوند «آغا»(آغای احراری)صدا زد؛ برایش گفتم: چه مفهومی دارد؟ گفت: آزادگان، آزدان و ادامه داد که این نام از «عبیدالله خواجه احرار ولی» یکی از رندان بلاکش قرن پانزده میلادی که در زمینه‌یی عرفان و تصوف در منطقه ماوراءالنهر یا خراسان بزرگ شهرت زیادی داشت و از مشاهیر فرقه‌یی نقشبندیه بود که گورش در روستای «کمان‌گران» در پانزده کیلومتری سمرقند، دل‌نرم کننده‌ی مردم ازبکستان و اهل سلوک است، به ما می‌آید و ما نوادگان آن «احرار» استیم و تو ای فرزندم! احراری می‌خوانمت تا رها، وارسته، بی‌قید و شرط، مختار، وحشی(بی‌باک)و آزادزیست بزرگ شوی! من در پاسخ پدرم سخنی نگفتم و نشستم روی خاک. یادم نرود پدر بزرگم نیز شاعر بود و عارف و انسانی خودشناس که در بسیار کتاب‌ها از وی گفته اند و اسمش بود «نور محمد آغا» شهره با «خلیفه صاحبِ پنجشیر» دیباچه‌یی دارد از غزل‌های روان و شرحی از مثنوی معنوی مولوی در همان قالب موزون.

و اما پدرم که حاجی نبود کارهای بزرگی می‌کرد مثلن مولانا می‌دانست و کتاب‌های عرفانی و الهیات می‌خواند و در مسائل امور و برطرفی بدگمانی‌ها میان دو انسان، دو استان یا دو جامعه‌یی درختی می‌شد پر از میوه‌های صلح. چیزهای اندکی نزد او خواندم مثلن کتاب‌های زیادی را و اما سه روز نزد آخوند مسجد آبادی کتاب خدا را خواندم و یک روز نزد قاری‌بچه‌یی قریه که نامش را نمی‌برم و دیگر نرفتم بخوانم، برای این‌که او با

زبان مار سخن می‌گفت و زبان انسان نمی‌دانست. من زبان گنجشکان را بهتر از زبان مار می‌فهمیدم و چنین شد که رفتم به شاگردی پرندگان نشستم و کتاب خدا را از زبان بیست و یک هزار مرغانی که از جنگل‌های دهکده‌یی ما گذاری داشتند، یاد گرفتم و چند پاره‌های آن کتاب را در طاق کله‌ام به روز مبادا نگه داشتم.

مادرم من را در زمان نامناسبی زاییده بود یعنی در ازدحام زاغ‌ها که برای گرفتن باغ‌های پرستوها در زادگه من آمده بودند، آن وقت کسی از کنار کسی رد نمی‌شد اگر هم می‌شد سلامی نمی‌کرد چرا که هوا خنک بود و زبان را که از دهن بیرون می‌آوردی یخاش می‌زد! دو-سه حرف از مادرم یاد کنم: او زنی بود بلندقدر و انسان بی‌آزار از جای دوری به خانه پدرم آمده بود و جنگ(این پدیده‌ی سگ)سبب شد مادرم صدمه روحی ببیند و روان‌درد شود و رخ از دنیا برگرداند و از مراوده با آدم‌ها بپرهیزد و دیگر لباس‌های قشنگ نپوشد و همیش در گوشه‌ی روی سجاده‌ی، عزلت فراهم کند؛ از این لحاظ من نه شیری از پستان مادرم خورده‌ام و نه محبتی از او دیده‌ام و وقتی اشک‌ریزان در طلب شیر به دامان وی می‌جسته‌ام، با بی‌مهری از خود دورم می‌کرده و بار بار که می‌رفته‌ام در آغوش مادرم نمی‌رسیده‌ام؛ گویی فرسنگ‌ها فاصله داشته اما او در یک‌قدمی من بود درست پیش چشمم، چه جان‌کاه است مادری زنده باشد آنهم در خانه و نزدیک اما دست پسرش برایش نرسد، نتواند رویش ببوسد، آغوشش بگیرد و همین‌طور عمری از نهال

مهر مادر ثمری نچیند. این‌همه یک‌سو! کودک باشی و مادرت زنده باشد و تو با شیر قوطی بازار بزرگ شوی و... تا هنوز مادرم به همان شیوه و دور از همه‌چیز و همه‌کسان در تنهایی خود نفس می‌کشد و این بی‌انصافی را جنگ بر او روا داشته، جنگی که هیچ‌سویش معلوم نبود و هزارها آدم را از خانه‌اش فراری می‌داد و خون‌های بی‌شماری را می‌ریخت. احساس کنید خیل زاغ‌های گوشت‌خوار با منقارهای گندآلود از جای دوری برای گرفتن باغ سال‌ها با خون دل ساخته‌ی پرستوها آمده و آشیان صدها پرستو را ریخته و امیدهای نا رس آنان را به خاک زنند. دقیقن قصه‌ی ما داستان زاغ‌ها و پرستوهاست.

فکر کنم سخن را کژ بردم! برمی‌گردم به کرانه‌ی که زندگی به آن پرتابم کرد، به آن جایی که آب‌شار آفریدگار از گلویش می‌ریزد و دیدن دارد و خوشبخت آنی که خود را شست به آبش.

در یک صبح بارانی که آب از رخسار زندگی جاری کرده بود، به خود دیدم که کوت‌و شلواری به تن دارم و در راهی که به دانشگاهی متنهی می‌شد روان استم، رفتم و ادبیات فارسی یادم دادند، ارچند چیزهای کمی پیش از ورود به دانشگاه در باب شعر می‌دانستم مثلاً کتاب‌های زیادی خوانده‌بودم اما مرحله‌ی با اهمیتی بود که آن زمان با بزرگانی از دنیای شعر معرفت پیدا نمودم و در نشست‌های ادبی می‌ایستادم. پس از شاگردی در دانش‌کده‌ی ادبیات، می‌اندیشیدم تا گپ‌های از این‌سو آن‌سو در باره شعر بفهمم و

دامن از هدیه‌ی خیال پر کنم. نشستم به مطالعه و گزینه‌یی از آثار نقد ادبی را ورق زدم و تا ورق می‌زدم مست‌تر می‌شدم. عبدالحسین زرین‌کوب، بدیع الزمان فروزان‌فر، صلاح الدین سلجوقی، سیروس شمیسا، اسدالله حبیب و دیگر صاحب‌نظران ادبی در آن زمان برای من دروازه‌یی رو به افق‌های تازه‌یی را گشودند اما شعر هنوز برایم موجود ناشناخته‌یی باقی‌ست.

با این مدت کمی که شمه‌ی شاعرانه‌گی چشیده‌ام و اگر قطره‌ی از آن آب‌شار گوارای گلوی آفریدگار بر لباس نو اتوی طبع من چمیده باشد و یا شاعر گفته شوم، دریافت من از سیر چونین ساحت فراخ و فُراغزا، این است: که شاعر فروغی‌ست تابیده‌شده از بر و دوش تمامی ستاره‌گان و با چشمان خورشید بر سیاره‌ی زمین می‌بیند و با پراکنده‌شدن در هستی، تن خنک‌خورده‌ی انجمن‌نشینان عاشقی‌پیشه را گرم می‌نماید و شب‌های اندیش‌ورزان را روشن، با لبخند شکوفه‌های درختان همه جنگل‌های جهان سخن از امید می‌گوید و درب هرچه منزل خویشتن‌بینی‌ست می‌گشاید و در سیر خویش تا به آن‌جا می‌رسد که بال مَلک سوختن گیرد و در یافتن ذرات سودمندش چونان چشم می‌دوزد که ذره‌ی وسعت ناهموار وجودش را نرفته و ندیده باقی نمی‌گذارد. شاید به اندازه شاعر هیچ سیاره‌ی به دور خویش نچرخیده و جیحونی چون وی در تشنه‌گی‌زدایی آدم‌ها دست و پا نزده است. گاه قایقی را که برای رفتن ناسویی‌های دور شاعرانگی نیاز است؛ خود می‌سازیم و نه زندگی، خود می‌رویم و نه فرستاده می‌شویم. این

قایق خودساخته توان عبور از موج‌های سخت‌امتحان‌گیر را نخواهد داشت، بگذاریم زندگی کار خودش را کند.

خرداد ۱۴۰۰

نگاشتی بر چیستی شعر و کیستی شاعر و گام نیمه‌ای نقد

شعر جدا از مفهوم واژه‌واره‌اش، چشمه‌ای است که مطابق ظرفیت طبع شاعر می‌جوشد و روان می‌گردد. گاه جوی‌باری می‌شود گاه رودی و گاه دریایی و عده‌ی را هم به غواصی بحر ناپیداکران موج‌خیز(اوج شعریت)می‌برد که تاریخ ادبی گواه چنین زمان‌نوشان جاودانه‌مست بوده است. شعر آوایی‌ست از شیپور نیستی دمیده‌شده، این‌که چه اندازه برای شنیده‌شدن اهتزاز دارد و چه مقدار گوش‌نواز است، ربطی به چگونه دمانده‌شدن آن دارد. چه چیزی دریافت می‌کنیم، توان کشف چه اسراری را داریم، یافت‌های شاعر از کجاست و به چه منظور شاعری می‌کند مجموعه‌ای از سهم شاعرانگی یک شاعر را شکل می‌دهد.

بینش من این است که شعر پدیده‌ی بی‌عمد زیبا یا نازیبای دریافت یک شاعر بوده هرچند آن را نخواهد، شعری را شاعرش بی‌آنکه در او هوای

آفریده شود، نیت سرودن کند؛ ترکیبی‌ست دور از راستی و در حال کاذب؛ شبیه ساحه‌ی با جماد متنوع اسب‌ها، آهوان، صخره‌ها، درختان و آبشارانی مصنوعی و مهندم که تمثیل منظره‌ای طبیعی را کرده باشند، هرچند دیدنی و تماشایی اما چون طبیعی نیستند انسان را به وجد و حیرت چنانی وا نمی‌دارند و شگفتی که از یک طبیعت وحشی در روان تماشا کننده نفوذ می‌کند، از آن ایجاد نمی‌شود. این حکم بی‌هیچ حاشیه در شعر نیز هم‌سو است، یعنی وقتی شعری از احساس واقعی شاعر فواران نشده هرگز در دل‌ها جاری نخواهد شد. و اما نقش دید تماشاگر و طرز نگریستن او به داشته‌های اطرافش نیز مورد توجه است؛ به کرات اتفاق افتیده که شاعری پارچه‌ی را سروده با آن‌که احساس ترغیب کننده‌ای در آن موج می‌زند و از ویژگی‌های خوب شعری نیز برخوردار اما چون شاعر آن ناآشنا و ناشناخته است، بناً آنقدر مورد توجه قرار نگرفته و نامی از آن برده نشده و هم گواه سرودهای بوده‌ایم با همه درون‌مایه‌ی شعری و شاعرانه‌گی فرسنگ‌ها بی‌گانه و احساسی که هسته‌ای مهم در شعر است در آن‌ها جا نداشته اما رنگ و بازارش چنان گرم که یوسفی در بازار مصر. این پدیده از ادوار خیلی دراز تا کنون جریان دارد و تا پیدایش بینش راستی‌محور میان کژ نظران، ناگسستنی‌ست. باری دوستی که انسان با درایتی‌ست در ضمن سیاست می‌داند و شعر می‌سراید؛ در مجلسی حین صرف غذا حکایت جالبی از یک بازی خودآگاهانه‌ی خود بیان نمود: که روزی شعری از احمد شاملو را

با شعری از خودش روی ورقی می‌نویسد و در فرجام شعر خویش نام شاملو و در شعر شاملو اسم خود را می‌آورد و برای افرادی نشان می‌دهد تا ببینند که شعر شاملو با شعر وی چه تفاوت یا ویژه‌ساختارهای دارند. وقتی مخاطب‌ها به هردو شعر نگاه می‌کنند به سروده‌ی که نام وی در آن درج و شعرش در اصل از شاملو است هیچ نظری نمی‌اندازند و به پارچه‌ای که اسمش از شاملو می‌باشد و نه شعرش، حرف‌های زیاد می‌گویند و نظر بسیار می‌دهند. حتمی‌ست بگویم نیت یاد این سخن هرگز سرزنش شاملوی بزرگ که چون کوهی از میان ابرهای هنر سر بیرون زده است، نیست؛ فقط خواستم حقیقت دنیای ابیات گیرمانده در چالش را اشاره‌ای دهم.

به نوشته‌ای می‌شود شعر گفت که آمده از الهام احساس برانگیخته و تکان وجدان و بیداری‌ده و دیگر اجزای لازمی شعری بی‌هیچ دخالت شاعر(از کوشش جلایش کاذب به منظور خیره‌ساختن چشم خواننده دوری شده باشد)باشد. شعری که معنای آن در زیاده‌روی لفظ و لفظ آن در بی‌راهه شدن معنا(ابهام گویی بی‌نتیجه)برهم خورده باشد هرگز شعری نیست که بتوان از یک شاعر متدارک و بیدار، چشم داشت. به هر رو شاعر به معنی واقعی کلمه همانی‌ست که در رگ‌رگ انسان، جامعه، زمان، دانش، اخلاق، روحیه‌ها جریان پیدا کند و از زاویه‌های گونه‌گون زمانه‌های مختلف را زیر نظر داشته باشد و در همه اعصار بزیید.

شعرنگری(برسی)پس از سرایش به چشم یک نقاد سراپا بی‌باک و قاضی سر و گردن عدالت‌خواه آن شعر مورد قضاوت و نقد قرار دادن و به این‌که خود چنین سوژه‌ی را آفریده یا مقبوض شعر شاعر دیگری است نیز راستی‌بینش باشد، کار ویژه شاعران بلند دست است. ارچند رایج بوده و بس شاعرانی بودند و استند که مسبوق سرود شاعر دیگری را قلم می‌زنند اما در این بین قابل اهمیت است بدانیم که آیا شاعر در ادعاء نسبت دادن سوژه‌ای خلق شده به خودش و یا تراود بودن اثرش امین بوده است یا نه.

دور از حقیقت نیست اگر بنویسم روح شاعر در آسمان‌ها دنبال آن صداهای است که از روز نخست سخن‌گفتن انسان از دل دردمندان دود شده و در فضا می‌پیچد، تا آن اندوه‌ها را به نام شعر در گوش بشر فریاد کند. فطرت متواری انسان عجیب زیبایی‌پسند و عاشقی‌پیشه است و تا دیده به گیتی می‌گشاید، هناسه‌یی او بر درایت داده‌های اطرافش بی‌توقف و ممارست بی‌سرانجام برای قابلیت‌های معنادار و جامعه‌ساز خویش دارد. وقتی آدم به درجه‌ای رفیع نهاد نافع خود نظر می‌اندازد؛ احساس او جای دستش قابلیت [گرفتن] و [لمس‌کردن] را می‌یابد و چنین است که می‌توان حتا رویِش نامشاهده‌شده‌ای علفی را مشاهده کرد و نجوای جنبیدن روییدن را با گوش جان شنید. این‌جاست که انسان مبدل می‌شود به شاعر و درست در نقطه‌ی میزان اختلاف میان روشن‌ترین و تیره‌ترین بخش یک تصویر یا هرچیزی دیگری که از آن امکان نفوذ انگیزه‌ی مثب و یا مفنی در

تماشا کننده، برود؛ قرار می‌گیرد. از تضاد احساسات، افکار و رنگ‌ها الهام مثبت دریافت می‌کند که به آن "کنتراست" می‌گویند. چنانی در شناخت حقیقت‌ها سوی ظن‌زده نمی‌شود. حقیقت هر موجودی جدا از ذات آن است، جدا از آنچه به چشم آدمی می‌آید. به طور مثال شراب به چشم دیده می‌شود اما حقیقت بزرگی که در آن وجود دارد و دیده نمی‌شود مستی و نشئه‌ی شراب می‌باشد. کسی که از آن شاعری انتظار می‌رود متکی بر صورت تداعی‌شده‌ای ذهن‌اش نیست بلکه دنبال شناخت حقیقت آن می‌گردد.

پهلوی دیگر سخن روایتی بر واردنساختن سلیقه‌ای فرد در یافته‌ای سانسور نشده‌ای شاعر است: برای من که سالیانی به گشت طبیعت و در پی نظاره‌ای مناظر بکر بوده‌ام، آن قسمت طبیعت را دلنشین و ترغیب‌کننده یافته‌ام که دست نخورده و بکر باقی مانده و باورم این است که دست آدمی همیش زیبایی ساز نیست و گاهی بسیاری قشنگی‌ها را با دست‌اندازی ناقشنگ می‌سازد.

تلاش شود حرمت داده‌های دل، آفریده‌های شاعرانه‌گی و آنچه طبع ارایه کرده تا حد امکان دست‌نخورده باقی بماند و ظرافت‌های درون‌نما، هنربافت‌ها و تصاویری که در شعر پدید آمده از بین نرود و نقاشی دل خراب نگردد. جوشش خود ره‌گزین شعر است و شاعر را تا افق‌ها و به فراسوی هستی رهنمایی می‌کند.

یک اصطلاح "هایدگرانه" وجود دارد که او برایش Lichtung(لیشتانگ)می‌گوید. مفهوم این اصطلاح تصویری از یک طبیعت‌گردی می‌تواند باشد که به جنگلی از انبوه درختان و شجرات می‌رسد و برگ و بار و پیچیدگی جنگل راه را برایش نامشخص می‌سازد، در حین ترس و دل‌هره خوشه‌نوری از یک جهتی به درون می‌تابد و دلیل جهت‌یابی ره‌گم‌کرده می‌شود. دقیقاً داستان زندگی کنونی ما همین است. در جهانی که قرار گرفته‌ایم. انبوه دشواری‌ها ما را گرد کرده و راه بیرون‌رفت را به درستی نمی‌توانیم ببینیم و بایست خوشه‌نوری از میان چالش‌های بشرگم‌راه کننده به ره‌نمونی آدم برسد. این نجات‌دهند هر هنری می‌تواند باشد اما شعر در صدر امدادگری جا گرفته و باید کورترین گره‌ها را با انگشتان آن گشایید. در جهانی که ما را انبوه هنر، فلسفه، ریاضیات، تصورات، اختراعات، ربات‌ها، فن‌آوری‌های انسان بی‌راهه‌بر و... احاطه کرده امید بر ژانر ادبی بیدارگرایانه می‌رود که چراغی شود در دل جنگل برای ره‌نمونی بشر.

شاعر به نگاه ژرفی در تب و تاب دادن اوضاع و جهت‌بخشیدن بیداری در برابر غفلت‌زدگی جامعه‌ای گسسته از متمدن‌زیستی، نقش به مراتب سازنده دارد و مهم‌ترین عنصر آزادمنشی که دلیل همه شرافت‌مندانگی آدم می‌شود، در روی‌کرد شاعر تاثیر دار است. اما بیداری زیر پلک و ابروی دوست‌دختران شاعران امروزی از به تماشاشدن باز مانده است و این

شرمنده‌رویی بیداری، جامعه را از ردیف تیف به‌روزشده‌یی منطقه و جهان به حاشیه می‌راند. دلیل محکم لنگش و گذارنکردن از جهان سوم؛ خواب‌رفته‌گی بیداری‌ست که در پهنای شجاعت شاعران می‌توانست فراگیر باشد و در رگ‌رگ خواب‌رفته‌ای اجتماع بدمد. شجاعت نیروی‌ست که هر جنون ندیده‌ی آن را ندیده و جنون ثروتی‌ست که جز در مقام فقر نیست و فقر مرتبه‌ای‌ست تنها مناسب اندام عیارمردان و چه خوش‌شاعری که با شعرش عیاری می‌کند و قمارش عاشقانه و پیکارش شجاعانه است.

اگر واقعی‌تر صحبت کنیم، هیچ تعریفی به معنی واقعی کلمه برای شعر مفهومی‌دهی نمی‌تواند. شعر معنایش همان شعر است. نباید معنی شعر را بیرون از خودش جست. این شکلی نمی‌توان لباسی به اندازه پیکر شعر یافت. شعر وزن نیست، قافیه نیست، مفهوم نیست، سوژه نیست؛ جنبش است، انقلاب است، تحول است، تغییر است و بیداری است.

به هر نصیب هرباری که خواسته‌ام چیزی در مورد شعر بگویم با نظر واحدی به پایان سخن نرسیده‌ام. مانند باغبانی که از یک باغ سبدی از صدها گلی به رنگ‌وبوی ناهمانندی پر کرده باشد. گل‌ها بیش‌تر به نسبت همین گل‌بودن شان با اهمیت‌تر اند تا رنگ‌وبوی که می‌افزایند. چون همان رنگ‌های که در گل‌ها می‌بینم، در دیگر اشیاء یا علف‌ها نیز می‌توانیم مشاهده کنیم. بویی که از گل‌ها می‌بوییم، امکان دارد از بسیاری شجرها یا دوکان عطاری به مشام ما برسد. شعر نیز بیش از همه اصالتی که به بر دارد؛

شعریت‌اش با ارجحیت‌تر است. گرنه هر سخنی را هرگونه می‌توان بیان کرد! صحبت در مورد شعر ساده نیست و اگر بخواهیم پی‌گیر این موضوع شویم باید نیت نوشتن کتاب چندجلدیِ را داشته باشیم.

و اما در مورد نقد بهتر آید اندکی سوی کوچه‌های چیستی، کارایی و ناکارایی نقد در شعر، پرسه زنیم. آیا نقد می‌تواند شعری را از کلافه‌گی به رسایی رساند یا هلاهلی می‌شود بر مرگ حتمی این زنده‌جان جاودانگی جو(شعر). دکتر عبدالحسین زرین کوب با موکاوی لطیفی از دو پهلوی نقد در مورد نقادی چنین می‌گوید: "همان قدر که بد شعر گفتن خطاست، بد داوری کردن هم در باب شعر خطاست"

گاه نقد موریانه‌ی بی‌رحمی‌ست که کهن‌تن تک‌درخت تندومندی را می‌فرساید و نهال نو باوه‌ی آرزومندی را از رشد باز می‌دارد با این حال نقد می‌تواند میکاپی باشد که روی سرد دختری را چون پری زیبا صورتی می‌آراید که صد شه‌پسر دل داده‌ی او می‌شوند اما اگر صورت ناخوش دختری را نتوانست آراید به زشت‌تر شدن آن نباید انجامد(نادرست داوری کردن، نادرست‌تر از نادرست نوشتن است)

ناقدان حتمی حمله‌ور شدن بر هر اثری را که در چشم آن‌ها می‌خورد تنها راه نجات قلمرو ادبیات و شعر می‌دانند یا خود را بارانی می‌شمارند که باریدن بر هر زمینی را مکلفیت می‌دانند، در حالی باران برای کوزه‌گر کنار جاده‌ای که تازه با خون دل کوزه‌های رنگارنگی به ذوق خویش آراسته، فلاکت و آفت

فرساننده‌ای است و شاید هرگز ذوق ساختن کوزه‌ای دیگر در کوزه‌گر، نروید. از سوی دیگر نقاد آن ره‌گذر خوش مشربی‌ست که وقتی از کنار کوزه‌گری که کوزه‌های قشنگی ساخته است، می‌گذرد؛ نباید بی‌هیچ لطف نظری رد شود.

هجوم ویران کننده و سکوت مغرضانه‌ی یک منتقد با وجود دانستن نیاز بیان زیبایی و نا زیبایی آن شعر، هردو؛ دو جهت یک تیغ برنده‌ی اند که هرگز به نفع سراینده نیستند. شاعری که شب را با دوصد و سی و پنج رنج سحر می‌کند و از درمان جسمی می‌کاهد و روان به دهل خیال می‌رقصاند، چرا فردای آن‌شب موجب آزار تلخ منتقدی باشد که شب را با خواب شیرینی صبح کرده است! زیبا نیست منتقد مامور کجا باید رفتن و کجا نباید نرفتن گردش‌گران طبیعت طبع و مامور دشت‌های سرشت آدمانی به نام شاعر که کم در پیرهن می‌گنجند، باشد؛ آنهم با بسیار تندخویی و استفاده از حس صلاحیت‌پنداری. وقتی نقادی سنگ کارش را بر عیب جویی گذارد اگر سودی بر سراینده نیز داشته باشد، تاوان آن دو برابر است. اساس جسارت و دست‌اندازی منتقد بر رویت شعر یا اثری زمانی قابلیت رواداری دارد که ظرفیت تئوری نقدپنداره، فرمالیسم، پسیکانالیز به منظور یافت چندسویه‌گی شاعر، شناخت روش هنرسازه و واژه‌گانی، اخلاق محوری، اختلاف‌پذیری در تعامل اندیشه و اندیشیدن و... را داشته باشد و کیفیت نهاده شده‌ای زمانی کلام را با استادی حزم نماید. گفتنی‌ست

ازدحام دانش و افزایش روزافزون آن در قرن کنون و آینده‌ها بر شعور انتقادی نقاد اثر دار است، زمانی که شعر می‌خواهد دشواری زندگی انسان را در تیزاب هنرهای خود منحل کند، نقد نیز نیاز انعطاف و تغییر مقیاس دارد. نه به این منظور که نقاد سد راه نقد شود بلکه فراورد جدیدی جاگزین روی‌کرد دیرینه سازد.

غزلها

۱۳۹۵-۱۴۰۳

۱

عجب بازار گرم و آهن پرمشتری‌ست این‌جا
همه شمشیر می‌سازند صف آهنگری‌ست این‌جا

زمینی بی‌نشانِ نقش پای گرگ هاری نیست
بشر معتاد خون و کارگه گرگ‌پروری‌ست این‌جا

چه بت‌ها می‌تراشند و به دستش می‌دهند افسار
چه ره‌رو ره‌روی‌ها و چه رهبر رهبری‌ست این‌جا

پلنگی می‌کشد نقش ترحم را به آهویی
چه رنگ خوش‌تر از رنگینی خوش‌باوری‌ست این‌جا

هر آنکس می‌رسید دستش کلنگی می‌زد و می‌رفت
چه کندن کندن خاک و چه زرگر زرگری‌ست این‌جا

نمی‌بینی سم اسبی در این گوراب گرداگرد
زمان خردوانی گشته دشت خرخری‌ست این‌جا

زبان چشم‌انتطار رشوه‌ی خان سخن‌فرما
سخن‌ور بازو است و گپ‌گپ زورآوری‌ست این‌جا

۲

هرکسی داشت به پیشانی ما سنگ می‌زد
چه قمار عبثی این دل بی‌ننگ می‌زد

بت‌تراشی شده بود پیشه‌ی هرآدم شهر
می‌تراشید و تبر بر سر فرهنگ می‌زد

ما به رقصیدن خود گرم و شتابان حریف
دهل افسونگر پرجاذبه‌ای جنگ می‌زد

بار بیگانه‌ای بر دوش و غلطان و دوان
مثل آن لاغرالاغی که هزار عنگ می‌زد

عمری فرمان‌بر و پابوس امامی بودیم
خود به دامان پلیداهریمنی چنگ می‌زد

مرغ اهلی شده‌ای بی‌خبر از حس هوا
سخن از عافیت آن قفس تنگ می‌زد

با دو-سه دانه‌ای پس‌مانده ز زاغان سیه
خاکی بر دیده‌ای مرغان شباهنگ می‌زد

۳

من که فاقد ز کمالم کجا خواهم رفت
مرغک بی‌پر و بالم کجا خواهم رفت

گیرم آزاد شدم از قفس تنگ نفس
با پر و بال کشالم کجا خواهم رفت

دام تزویر دو پای من اگر کرد رها
با تن خسته مجالم کجا خواهم رفت

شاید از چنگ پلنگ هوس آزاد شدم
آندم از گرگ خیالم کجا خواهم رفت

بی‌خود از خانه برون گشته‌ام و بی‌خبرم
تو ببین قرعه‌ای فالم کجا خواهم رفت

بره‌یی وحشی بخت من از آغل گریخت
خالی است کون جوالم کجا خواهم رفت

سال یاران بهار است و پر از لاله و گل
من که در آخر سالم کجا خواهم رفت

۴

می‌خزد شاهین در چنگال ماغ
می‌دوید آهو به دنبال الاغ

می‌تپد ققنوسی در کنج قفس
می‌کشد آواز آزادانه زاغ

قله‌پیمایی نصیب بوف کور
در دل مرغ سعادت سیخ داغ

آن طلایی طیر طوفان زیر پَر
می‌سپارد پیش پای بوم باغ

پای هیچ غوکی نیامد در تله
دام تزویر است نور این چراغ

ای هوا ای دشتِ پروازآزمای
جز مگس چیز دگر داری سراغ

ای طبیعت چیست در دامان تو
جز گراز و کرکس و گرگ و کلاغ

۵

جنگل مقام و مسند خیل شغال بود
گنجشک اسیر پنجه‌ی قشر تَلال بود

دیدم تفنگ دست صیاد نشسته را
آن سوتر آن پرنده که خونش حلال بود

بالش شکسته با دل تنگ آه می‌کشید
آن را به باغ و بوته چریدن محال بود

آدم به دام بافتن خود می‌دهد دوام
هرجا پرنده بود زبانش کشال بود

بی‌چاره مرغ در ته دامی فتاده بود
جایی که بخت پر زدن آشفته‌حال بود

عمری در آرزوی پریدن تپید و مرد
اما نه پای رفتن و نی پر، نه بال بود

خون از دماغ کفتر این بام می‌چکید
فصل نگون کشتن و قتل و قتال بود

دیدم کلاغ کرده به سر تاج سروری
ذهن همای بستر خواب و خیال بود

۶

جمعی به کمین‌اند جهان را بفروشند
گنجینه‌یی دیرین گران را بفروشند

تا گرگ‌دهنان سوی ده و قریه شتابند
این بی‌خردان تیر و کمان را بفروشند

جغدان بدآهنگ شب‌اندیشه‌یی بیمار
کوشند که شباهنگ زمان را بفروشند

این زوزه‌پسندان تنک‌بینش گرگ‌کیش
آواز خوشی نای شبان را بفروشند

پیش قدم خوک فرومایه‌یی دوران
دُر سره‌یی فارسی مان را بفروشند

پابوسی این ده‌کده رسمی شده معمول
بنگر به چه ارزانی دهان را بفروشند

نرخ گهر سفته‌یی بیداری چه دانند
آنان که به تاجی سر شان را بفروشند

تاریخی‌ترین قلعه‌یی رندان خدا را
بودای بلند قامت مان را بفروشند

۷

ققنوس نفس‌راست بلندبالی خود شو
گردش‌گر دنیای تماشایی خود شو

نی‌وار درون خالی ز خساست و غش کن
مرغ سحر و نغمه‌ی داوودی خود شو

خود را ببر آن‌جا که تویی منتظر خویش
آهوی خرامیده‌یی صحرایی خود شو

ای بی‌خودِ اوهام خودِ بی‌خودِ از خود
بشکن قفس و موجب آزادی خود شو

عمری شده مجذوب شتابیدن موجی
باری به تماشای خروشانی خود شو

نقاش نفس‌های نفیس خرد و عشق
رنگ ریز ز رخ در پی نقاشی خود شو

نقش تو در این صحنه خداوندی‌گری نیست
برگرد و بیا بازی‌گر بازی خود شو

رقاصه‌ای آتش‌کده‌یی معبد عشق باش
خورشید جهان‌گرد جهان‌بینی خود شو

ای چشم زخودرفته فراسوی فریبی
خود در تپش دیدن زیبایی خود شو

جز تو نبرد زورق تو تا دم ساحل
دل‌ران دل سرکش دریایی خود شو

۸

نگاه صورت سبحانی چشم سر نمی‌خواهد
گرفتار وفا از یار خود بستر نمی‌خواهد

ببینی یا نبیی می‌توانی حس شرار عشق
محبت با خدا انسان پیغمبر نمی‌خواهد

به هر سویی نظر اندازم آن‌جا روی او بینم
محیط معبد معشوق ما بندر نمی‌خواهد

ز هرسو پا گذاری می‌رسی در خانه‌ای لطفش
سرای مهربانی بی‌دَر است و دَر نمی‌خواهد

مسیر از جاده‌ای زاهد جدا کن ار خداجویی
ره افتادگی رفتن پی رهبر نمی‌خواهد

چو افتادی به خاک می‌روید از کوی تو خرشادی
طلوعِ مغرب آزادگی محشر نمی‌خواهد

قمار عشق اگر پرسود اما بی‌ضرر هم نیست
و قانون چنین بازی ظروف زر نمی‌خواهد

نبرد آتش و آب است و جسم لاغر هیزم
که تا آتش نگیری از تو خاکستر نمی‌خواهد

کسی از می‌فروش معرفت نوشید جام تلخ
ز دست هرسبک‌سر ساقیِ ساغر نمی‌خواهد

۹

قدم تا من در این هستی نهادم نیستی دیدم
فلک را زیر و رو کردم نه روی راستی دیدم

چراغ روشنم در جست‌وجوی زندگی گم شد
به سختی هرچه کوشیدم به گیتی کاستی دیدم

ز قطع بال مرغی دیده، بیرون آمدم از دام
طلسم تکیه بر پشت هما با پستی دیدم

شبی رد می‌شدم از جاده‌ای جادوگران زر
رخ زرد وفا، روی چروک دوستی دیدم

شک آورد و رهایم کرد میان بحر فکرانگیز
حقیقت را عیان در جست‌وجوی چیستی دیدم

زمان مهمان‌پذیر مردم مست‌وهنرمند است
شدم تا مست انگور هنر من زیستی دیدم

ز تخت تیربختی‌های خودخواهیِ آدم‌کش
تو را احرار‌یا هنگامی برمی‌خواستی دیدم

۱۰

نبیند کاش گنجشک هوا بی‌هم‌نوایی را
نگیرد ژاله راه مرغ نوبال هوایی را

بسازد آشیانی قمری در دامن کوهی
نداند گربه راه لانه‌یی طیر طلایی را

ننوشد جغد نومیدی ز آب زمزم امید
چشد کبک گرفتار قفس طعم رهایی را

نیفتد شیشه‌ی قلبی ز دست هیچ دیواری
نیندازد خدا بین دو انسانی جدایی را

نلرزد بیدی از باد و نریزد برگ از شاخی
ندزدد رهزنی سیب شیرین آشنایی را

نگردد خیره چشم کوزه‌ساز پیر انشالله
نبندد فتنه‌ی واعظ دَر این پارسایی را

۱۱

به تب شعله‌یی یک آه نفس‌گیر قسم
به تهی بودن قاب از رخ تصویر قسم

به پرستوی مهاجر شده‌ی رفته ز یاد
به پر زخمی مرغی شده با تیر قسم

به سکوت شب و بی‌تابی و تنهایی ماه
به غریب بودن این ناله‌یی شب‌گیر قسم

به جهانی که در آن جانوران اند رها
و به انسان فرو در گِلِ تقدیر قسم

به سخن‌های پریشان نگاه من و تو
به صدای نفس سینه‌ی چیرچیر قسم

به سر هرچه که مانند دلش نیست رخش
به رخ مسخ‌شده تاریخ زمان‌گیر قسم

به هزار فاصله‌ی بی‌خبر از لحظه‌ی وصل
به دو دستی که شده طعمه‌ی زنجیر قسم

به هم‌آغوشی پروانه و آتش که شبی
سوخت و از شعله نشد لحظه‌ی دل‌گیر قسم

۱۲

ای اهل جهان عشق دگر رام بشر نیست
جز سفسطه چیز دیگر انعام بشر نیست

از می‌کده‌های دو جهان تشنه گذشتم
چیزی مزه‌دارتر تری در جام بشر نیست

صدسال سیه پرسه زدم گرد جهان را
شکل بشر این‌جاست ولی نام بشر نیست

توفان شدیدی شده شاید که در این دشت
یک ذره‌نشانی ز پی گام بشر نیست

خون سخنم روی ورق‌های زمان ریخت
خواننده‌ی در همهمه‌ی عام بشر نیست

نیم‌راه درستی که به منزل برسد کو
کو وسعت راهی که در آن دام بشر نیست

این گونه دوپا بودن و پرحاشیه رفتن
جز فلسفه‌های کله‌ی خام بشر نیست

در خواب گران رفته و بیداری ندارد
یک مرغ سحرخیز سر بام بشر نیست

ای بره نزن حلقه‌ی دروازه‌ی گرگ را
بازوی جوان‌مردی در اندام بشر نیست

انسان شدن آسان شد و انسانیت اما
معنای بزرگی‌ست در افهام بشر نیست

۱۳

یک ذره به درد دل آفاق نخوردی
نانی ز کف و کاسه‌ی انفاق نخوردی

در شهر شدی زاده و در شهر بمردی
آب و نمک مردم قشلاق نخوردی

یک بار سر سفره‌ی مظلوم ننشستی
جز شیر و پنیر و سر قیماق نخوردی

صدسال دگر هم زبر و زیر نفهمی
تا دوسیه‌وار سوزن و سنجاق نخوردی

خوردی همه را از همه‌سو مثل کلاغی
اما لگد عسکر کون‌قاق نخوردی

یک‌روز هم از جاده‌ی قانون نگذشتی
پنج-شش لگد و ضربه‌ی قنداق نخوردی

شاید شده خاری زده در پای تو گاهی
اما چو من از هرکی لگد ناق نخوردی

گر خورده‌ای باری لگد زنده‌گی اما
از بی‌گنهی گه‌گهی قفاق نخوردی

۱۴

ارچند که خدا ورد زبان تو روان است
دانم نه تو را عشق خدا در دل و جان است

تنها نه من از حیله‌ی بسیار تو حیران
از فتنه‌ی مکر تو خدا هم نگران است

کم‌ناز و نیازار و نزن نیش، نرنجان
چون بردن ایمان تو هم قید گمان است

صدسال اگر بر سر سجاده نشینی
بر دل ننشینی نه تو را حاصل آن است

ابلیس هم از زمره‌ی خوبان خدا بود
امروز سیه‌چهره‌ترین خلق جهان است

روزی تو هم از صومعه بیرون شوی شیخا
این دار مکافات و منافاتِ دیان است

صد موعظه گویی و یکی رام نگردد
تا در ته گفتار تو این تیغ بران است

مغرور دو-سه دانه‌ای تسبیح چرایی
بر گردن هر ساحری این مُهرِ گران است

آن سوره که در سینه سپردی و ندانی
آیات نیازردن و احسان و امان است

۱۵

غم دریادلان را یک دل دریایی می‌فهمد
سر سودایی ما را سر سودایی می‌فهمد

مرا منع از تماشای نگارم کردی واعظ! خیر
تماشا را فقط چشم تماشایی می‌فهمد

تو رسوا کی شدی زاهد بفهمی سِر رسوایی
نگردد تا کسی رسوا کجا رسوایی می‌فهمد

برایم گفت کافر می‌شوی، گفتم برای او
تو زیبا نیستی زیبایی را زیبایی می‌فهمد

گذارید هرکسی پابند آیین خودش باشد
اگر مومن خدا را بت را ترسایی می‌فهمد

کجا آهنگ گنجشکِ قفس را گربه می‌داند
غم انسان تنها را خودش تنهایی می‌فهمد

جهان شهری قشنگی می‌شود اما جهان‌دارش
جهان‌آرا نباشد کی جهان‌آرایی می‌فهمد

۱۶

ربابی بنوازید که رقاصه خزان است
خزان فصل دلاویز، سخن‌بیز بیان است

خزان آمده گویا یخن پر ز سخن‌ها
خزان آیت عشق و خزان واعظ آن است

خزان بلبل خوش‌گو خزان مرغ سحرخیز
خزان راوی رازهای خوش‌آیند نهان است

خزان نقش دل‌انگیز طبیعت بود و جود
خزان کلک هنرپرور نقاش جهان است

نقاشش مَلک مُلک بود شش جهتش نور
عیان است عیان است عیان است عیان است

خزان سوره‌ی الرحمن خزان قاری قرآن
کتابی‌ست پر از برگ پر از باد وزان است

که هرسوی رود مست شود همره هر دشت
خزان پیک بهار و خزان قاصد مان است

خزان گویش رنج‌های درختان کرخت است
خزان شارح نی‌های جدامانده ز کان است

تو خواهی شوی واقف نظری کن به ثریا
که نقش رخ آن یار نگارخانه‌ی جان است

خزان آمده برگ ریز بریز رنگ دو رویی
برو گم شو از این باغ که باغ تو جنان است

۱۷

روزی که دلم دلم دلم گیر افتاد
دیرم شد و زندگی به تاخیر افتاد

من رفته بودم شکار کنم آهویی
پاهای خودم به بند زنجیر افتاد

پر زد صنمِ پری‌وشی از پس کوه
قلبم به تپش شد از تدابیر افتاد

ابرو کژ و چشمش آهوی، رویش مه
هوش من از آشیان تدبیر افتاد

مهتاب نبود پری نبود آدم بود
تصویر رخش از آبشار زیر افتاد

سویش نگهی زدم گمانی کردم
چشمم به قد بلند پامیر افتاد

گفتم ز کجا چنین شتاب می‌آیی
در قلب من از نگاه تو تیر افتاد

گفت دختر تاجیک بدخشانی‌ستم
از دهر مرا صیادی تقدیر افتاد

این دره که می‌بینی شکارجای من است
تا دیده در این دیار نامیر افتاد

هر روز یکی به دام من می‌افتد
گه‌گاه پلنگ گهی گهی شیر افتاد

در جست‌وجوی سراغ صیدی بودم
ناگه نظرم به سوی نخچیر افتاد

تو صید منی نخواهم‌ات کرد رها
هرچند دلت به دام من دیر افتاد

۱۸
تو گر خواهی از تاجیکی دل بری
سخن‌گوی فارسی به لحن دری

به دست ناید آهو از این های‌وهوی
چه بیهوده تیر و کمان آوری

نه با زور بازو نه با زور جنگ
دهن درگشا گر تو زورآوری

چنین گنج ناب سخن دیده‌ای؟
ورا از زمین تا سماء مشتری

بگردی فرنگ و همه روم و هند
نیابی تو برتر از این برتری

گشاینده‌ی بخت هر عاشقی
زبان بیان سِر دلبری

ایا کینه در جان و در چشم و دل
به‌صحبت بیا ار سخن‌گستری

۱۹

ای شما هم‌شیوه‌ی شیادها
کی رسد درگوش تان فریادها

ای تماشا پیشگان خاک ما
می بَرد خاک شما را بادها

ای دلاور زادگانِ سر به کف
برکَنید با داد خویش بیدادها

خود بکارید و ببندید تا ابد
چشم خود از روزنِ امدادها

های مرغان بلند پرواز دشت
دام دارد دانه‌ای صیادها

ره نگیرد رود تان در بحر عشق
تا نبردارید ز ره بنیادها

۲۰
با زاهد دیوانه سر و کاری ندارم
هرچند خودم کله‌ی هشیاری ندارم

بگسسته سر تار و من و مفتی و ملا
با طایفه‌ی فتنه سر تاری ندارم

در شهر میان همگی محترم استم
هرچند که مانند او بازاری ندارم

گه‌گه گذرم می‌شود از می‌کده‌ی ده
اما خبر از زاهد می‌خواری ندارم

پیوندی میان من و غلمان جنان نیست
شوقی به هوس‌بازی اجباری ندارم

از من به بهشت کلبه‌گک خامه‌ی هم نیست
مزد خشت و گِل و معماری ندارم

تنها نه جدا گشته‌ام از کفرِ مسلمان
کاری به مسلمانی کفاری ندارم

خون می‌چکد از تیغ سخن‌های من اما
مانند ملا زیر آستین ماری ندارم

عمامه تو را برقه تو را جامه تو را باد
من مثل تو سر بر سر شلواری ندارم

تا داری توان در پی تفکیر من آن کن
من با سگ دیوانه سر و کاری ندارم

خواهد که رسم پیش ز تو بر در رحمت
خیر مثل تو من منزل همواری ندارم

ای خالق اگر خلق پسندیده‌ات این است
با تو هم از این لحظه دگر کاری ندارم

بستان تو از این جمله کلید دَر جنت
خود گفته‌ی کاری به ستم‌کاری ندارم

در مدرسه نقش پی احراری نبینی
هیچ رابطه‌ی با شف و دستاری ندارم

آخوند برو از پیش رخم اندکی دورتر
من حوصله‌ی نق نق نشخواری ندارم

۲۱

ببین معشوق‌هایت با تو ای عاشق چه‌ها کرده
تو را در نیم‌راه عشق و عشق‌بازی رها کرده

خدایا من تو را آن‌گونه استی دوستت دارم
نه چون واعظ که شمشیری به دستانت عطا کرده

تو کان مهربانی استی اما واعظان گویند
سر ما هرچه بدبختی که می‌آید خدا کرده

دلم ریش ریش از ریش دراز و عقل کوتاهش
نه چون مفتی کسی امر خدا را زیر پا کرده

به شخصی اقتدا آورده این قوم سبک‌بینش
که او خود می‌شود عمری به ابلیس اقتدا کرده

خدا را بنده می‌اندیشد و خود را خدای او
کی آیا مثل واعظ روی آیینت سیاه کرده

کلید دین خود یارب ز دست مفتیان بستان
که صحن خانه‌ای مهر تو را بیت‌الخلا کرده

برونش ساز با روی سیه از کعبه و مسجد
که این ناشسته‌سرین منبرت را ناروا کرده

کتابت را به ذوق میر و ارباب می‌کند تفسیر
تو را از بنده‌گان مخلص دینت جدا کرده

تو موجود سراپا پاک و زیبا و لطیفی و
ولی واعظ ز تو تندیس ترس‌ناکی بنا کرده

خطا هر زنده‌جانی مرتکب گردد مگر واعظ
خطا پشت خطا پشت خطا پشت خطا کرده

هنوز با وی رفیقی می‌کنی زیبای خدای من
نمی‌دانم چه جادویی تو را شیخ و ملا کرد

۲۲
به خدای که جهان را پس از فلاک سرشت
و زمین را هم از آب و شجر و خاک شرست

فکر آدم به سرش زد، هوایی شد و بعد
آمد و پیکر من از گِل ناپاک سرشت

کاسه‌ای کله‌ای من را به دستان تو داد
فطرت مست مرا با بُوته‌ای تاک سرشت

ساخت اما نه چنان سخت که چندی باشم
گوییِ تندیس مرا با گِلِ نم‌ناک سرشت

آدم و اهرمن از شوق پرستش، جنگانید
یخن پیرهن قسمت ما چاک سرشت

دلش آرام نگرفت و هوس تازه‌ای کرد
دیو پشمینه‌تن هول و خطرناک سرشت

حلیت شیخ به حیرت بنمود ابلیس را
یعنی اهریمن ماهرتر و چالاک سرشت

فارغ از کار پریشانی آدم شد ابلیس
تا که این شعبده‌بازان هوس‌ناک سرشت

۲۳

چیست این آرزو که من دارم
سوی بی‌سمت‌وسو که من دارم

پاک نشد دامن مراد دلم
این‌قدر شست‌وشو که من دارم

می‌شد از بین کاه برون سوزن
جست‌وجو جست‌وجو که من دارم

سنگ بود می‌شکست می‌ریخت
چشم بی‌آبرو که من دارم

برده تا کهکشان شک هوشم
این می در سبو که من دارم

تیر از آن خورده فاخته‌ای ذاتم
کو ککو کو ککو که من دارم

هیچ راهی به هیچ‌سوی نیست
نقشه‌ای پیش رو که من دارم

آتش است لانه‌ی مزاج من
روح پروانه‌خو که من دارم

نیست جز دار در انتظار سرم
هی‌هی‌وهای‌وهو که من دارم

مرغ جان را به گریه می‌آرد
نغمه‌ای در گلو که من دارم

۲۴

آسمان خیلی بلند و سخت بود خیلی زمین
حیرتم در سنگ‌زاران بالش نرمم چه بود

تا به دنیا پا زدم جنگیدم و جنگ است و من
راست می‌گویم ندانم حاصل رزمم چه بود

تا به هوش همسایگی کردم ندیدم روی خوش
در سرای سرد عقلم مسکن گرمم چه بود

زندگی آورد و زندانی نمود عمری مرا
کاش می‌دانستم آخر موجب جرمم چه بود

چهره‌ای خود را ندیدم من ز بی‌آیینه‌گی
در بدست آوردن آیینه‌ها شرمم چه بود

داشتم نعشی به دوشم در تمام زندگی
آخرین روز حیاتم را نمی‌فهمم چه بود

۲۵
قدم تا من در این هستی نهادم نیستی دیدم
نچیدم دانه‌ی چندی در این خاشاک کوشیدم

دو-سه می پیاله در میخانه باقی ماند و
هرقدر ساقی در پیمانه ریخت بی‌باک نوشیدم

ریا را ریختم از رخ رها کردم دو رنگی را
برون از تن نمودم پیرهن را خاک پوشیدم

وجودم خوشه چشمم می سبویم کاسه‌ی سر بود
من از روز نخستین با درخت تاک روییدم

دریدم سینه و دل در دلی دریا رها کردم
شدم موج و سرم را بر سر افلاک کوبیدم

ستون مغزم از فرسودگی روی زبان می‌ریخت
شدم آهن که تا در کوره‌ی ادراک جوشیدم

گریختم از گلیم زاهد و رندی گرفتم پیش
که تا عطر خوش پیراهن دراک بوییدم

۲۶
قمار عشق تاوانی ندارد
ره بی‌همره پایانی ندارد

چو از پروانه پرسیدم وفا را
دل بی‌عشق ایمانی ندارد

دل صد پاره دارم بی‌زبانم
که ابر پاره بارانی ندارد

دل‌آگاهان ز حال من نپرسند
چرا این شهر مسلمانی ندارد

زبان آتش‌فشانی در دهانم
ولی حیف آتش‌افشانی ندارد

بیا ای دل تو بحر بیکران شو
که هردریاچه طوفانی ندارد

دلم دریای خون اما لب من
غم خون ریختن جانی ندارد

زدم دستی گریبان پاره سازم
لباس من گریبانی ندارد

۲۷

گریزانم از آن قومی که کابین شهی بر دوش بگذارند
از آن شیران غرامی که گردن زیر یوغ موش بگذارند

گریزانم از آن غول‌پیکران کودن و بی‌همت و ترسو
ز فیلانی که سر برحلقه‌ی افسار هرخرگوش بگذراند

گریزانم ز بت‌های که این تندیس‌تراشان می‌تراشندش
و از جمعی پریشانی که خود را زیر بار دوش بگذارند

نمی‌سازد پلی یا قایقی چشم‌انتظار ناخدا عمری
به دست خود غباری بر رخ آیینه‌های هوش بگذارند

ز جوی‌بار بحر می‌سازند ز کاه هرزه‌ای کوهی
نمی‌دانم چرا این توده دیگ ریخته را سرپوش بگذرانند

خرابم می‌کند سخت‌کوشی گرگان پیر وسعت جنگل
خراج زحمت سالانه در میز سگ کم‌کوش بگذارند

مروت رفته از دل‌های مرغان بیابانی که طاووسان
برای کرکس کُرچ و کچل دیوانه‌وار آغوش بگذارند

۲۸
نه تنها حالم از دیدار اوضاع بشر این است
دلم از دیدن دنیای واعظ نیز غمگین است

دلم ریش ریش از ریش دراز و عقل کوتاهش
چرا منبر نصیب مردم ناشسته‌سرین است

عجب دارم که با این خردوانی‌ها نمی‌افتند
ندانم زین این آیین‌سوران از کدام زین است

نظر تا می‌کنم بازار گرم دین‌فروشان را
ترازوی دوکان‌داران دین لبریز نفرین است

دلم بر ریش‌تراشان غمین شهر می‌سوزد
که نان ریش‌داران تر درون روغن دین است

شعور آینده‌ای خوبی ندارد در سر واعظ
به هرجا بیرق وجدان بالا بود پایین است

گزند اژدها دردآور است اما چشیدم من
که نیش اژدها کم‌زهرتر از مار آستین است

سخن از شیخ و مفتی و ملا دیگر نمی‌گویم
نمی‌گویم چه گرگی در کمین بره‌ای دین است

۲۹
گفت پیغمبر بیاموز علم دین
دانش دنیا و دین هر دو گزین

دانش دنیا تو را دانا کند
راه هستی را به چشم خویش بین

گر ضرورت آیدت ای جان پسر
از پی دانش برو تا ملک چین

چشم حق‌بین تو را بینا کند
دانش آموز و نیاموز غیر این

فرض باشد مرد و زن را کسب علم
هست فرمان خدایی عالمین

فن فراگیر و فرااندیش باش
است در دست تو افسار زمین

۳۰

ای ره‌گذران بر من گذری
ای بی‌خبران از من خبری

لطفی، مددی، گه‌گه نگهی
با گوشه‌ی چشمی نیمِ نظری

ای ساقی زیبا رخ رَسَدی
بگشا به‌رخ همسایه دری

عشق آمد و پیدا شد و غم
دیگر نه ز من در من اثری

آتش شد و شد خاکستر ما
خاک قدم هر ره‌گذری

سوختیم و سخن بیرون نزدیم
من خویشتن و پروانه پری

۳۱

موسیقی در حوادثی شد فوت
کلُّ نَفسٍ ذائِقَةُ المَوت

تا رسیدند مترسکان در دشت
مرغ خوش‌خوان ما فراری گشت

نیست در کوچه‌های ما سازی
مانده‌ایم خسته بی‌هم‌آوازی

های! دریایی بیکران هنر
موج پرماجرای طوفان‌گر

استخوان‌های ارغنون فرسود
از دهان رباب شنیدم دود

۳۲
بیا زردشت آتش‌زن که سوختن آرزو دارم
تو این آیینه را بشکن که من پیش در رو دارم

جدا کن قبله‌ای ما را ز طرف کعبه‌ای زاهد
نخواهم قبله و کعبه، خدا را روبه‌رو دارم

ببند دروازه‌ی مسجد گشا درب سرای می
که امشب با خدای خود حسابی گفت‌وگو دارم

سخن از عشق می‌گویم، نه از محراب و منبرها
من از روزِ اول محراب میانِ ابرو دارم

نییم پیغمبر و دارم کتابی از خدای عرش
ندارد هیچ پیغمبر، پیامی را کزو دارم

۳۳
گه در آغوش تو غزل خوانم
گه ز غم‌های تو گریزانم

گه به آواز و چنگ و آهنگت
از زمین تا سما برقصانم

گه در آن سوی بی‌خودی‌هایت
بی‌خود از خود درون عصیانم

بوی شوقت به وقت صبحگاهی
آنچنان کرده گویی طوفانم

گه خیالت به سر چو می‌آید
می‌کشاند به سوی زندانم

می‌خورم سیلی سحر هرگه
همچو موی تو من پریشانم

۳۴

مستان شدم مستان شدم غلطان شدم غلطان شدم
ویران شدم ویران شدم ویرانه‌یی جانان شدم

آتش زدم آتش زدم هم خانه را هم خویش را
از هرچه در هستی‌ست من یک‌باره روگردان شدم

آتش گرفتم سوختم آتش شدم خود بعد از این
در شعله‌ام طوفان دمید طوفان‌تر از طوفان شدم

صدکوه به پشت من پناه تا من بر او بردم پناه
جویی بودم دریا شدم آن بحر پر هیجان شدم

یارش شدم یارش شدم یارم ز هر یاری جداست
یاری نمود یارم مرا تا یاور یاران شدم

رخصت شدم از درس مرگ بی‌امتحان رفتم جلو
در مکتب بی‌مکتبان استاد استادان شدم

خوردم شراب معرفت از دست ساقی ساقیان
مستی ز من شد مست و من مست‌تر ز تاکستان شدم

خشکیده بود اندیشه‌ام از سختی خاک دلم
رویدم از اشک خضوع سر تا به پا باران شدم

بوسیدم از لب‌های مه شب شد حریف جان من
خورشیدی آغوشم گرفت از آتش‌افشانان شدم

دریا شدم دریا شدم یک قطره نوشیدم شراب
در خود فرو رفتم دمی فرمان بر یزدان شدم

شد مار وجدانم دوان در دشت خشک غفلتم
موسای مسکینان شدم گرداب فرعونان شدم

بت می‌شکستم هو‌به‌هو در پیش روی آن عدو
تا لایق جانان شدم بدبین بی‌جانان شدم

۳۵

ای نغمه‌سرا ساز و بم و پرده کجا شد
آن قصه و افسانه و دیباچه کجا شد

شرمنده جهان از رخ بی‌نور زمانش
سرخی و سفیدی همه از چهره کجا شد

پاییز سلام و سخن آورده ز سرما
باغ و چمن و شاخ پر از میوه کجا شد

بوی که فشانیده ز وحشت همه جا را
عطر ختن و لاله و بابونه کجا شد

جز تفرقه و ولوله هی خنده نبینم
آیا که همان سینه‌ای بی‌کینه کجا شد

۳۶

درد هجران نکرده تاثیرم
من جفا دیده دیده میمیرم

خنده‌گر بر عرایضم داری
بشنو از ناله‌های شب‌گیرم

عمرک رفته را کجا یابم
در جوانی جوانی‌ها پیرم

ای غزل‌های چنگ و آوازم
مدتی بسته پا به زنجیرم

نی ز آواز زندگی تنها
از زمین و زمانه دل‌گیرم

۳۷

زندگی تقدیر نیست تحریر است
راز تقدیر خواستن و تعمیر است

عاقلان را تخت و بخت و خرمی‌ست
پای نادان آخرش زنجیر است

مومنین را اتق‌الله بس بود
گر نترسی ذلت است تحقیر است

تو همی گویی ز الرحمن و الرحیم
خود بمان راحم که این تدبیر است

مرد عارف را نباید سن و سال
گر جوان هوشی ندارد پیر است

هرکه در عالم نیاموخت معرفت
با جهالت ها همیش درگیر است

شاد باش ای دل که در آشفتگی
لحظه‌ها آشفته در تصویر است

۳۸

ای فلک حیفا که مسعود تونیست
جمله فرعون و مگر رُود تونیست

کوه هندوکش سرای کورهاست
چشمِ مستِ شلعه‌اندود تونیست

گندغباری ریخت بر بام هَماد
تا در این روزنچه‌ها دود تونیست

این بدآهنگ‌گان ببین در انجمن
نغمه‌ای شیرین داوود تونیست

دره را گرگان چه آسان می‌درند
مشت آهن‌کوب مسعود تونیست

۳۹

ای رفیقِ کج‌کلاهِ راست‌گوی
نیست شوق زندگی بی‌نام تو

این خمار آخر خرابم می‌کند
تا ننوشم جرعه‌ی از جام تو

بی‌تو دنیا دام گندی بیش نیست
از غم آزادم که باشم رام تو

فاش گویم مرغ شیدای تو ام
کو صیادا حلقه‌های دام تو

گر هزار تیری زنی بر بال من
باز می‌آیم به کنج بام تو

۴۰

یاد باد آندم که پیش‌آهنگ ما مسعود بود
نغمه‌یی آزادگی در چنگ ما مسعود بود

وارث شهنامه و معنی‌نمایِ مثنوی
شوکت هر انجمن، فرهنگ ما مسعود بود

تاج‌دار عارفان و شمع بزم عاشقان
رهبر روشن‌گر بانگ ما مسعود بود

شهره‌ی پاکبازی و استوره‌یی مردانگی
مرد بی‌آلایش و یک‌رنگ ما مسعود بود

دامنش پر از چراغ و در دلش دریا روان
روزن امید روز جنگ ما مسعود بود

۴۱

با کلاهِ کجت ای دوست چه راستی کردی
آنچه را گفتی و خواستی به راستی کردی

ای خداگونه‌ترین بنده‌یی آزاد سرشت
کس نکرد آنچه تو در عالم هستی کردی

غمِ میهن کشیدی و همین بود هنرت
ای هنرمندِ هنر چه چیره‌دستی کردی

جام شیرینِ شهادت که تو را نوشت باد
سرکشیدی وجهان دید که مستی کردی

تو به اندازه‌یی خورشید بغل وا کردی
با زمین، با زمان، با همه دوستی کردی

ای زبردست‌ترین عاشقِ معشوق‌نواز
عشق ورزیدی و با عشق درستی کردی

دیگران مشربِ بیگانه‌پرستی داشتند
تو به جان و دل‌وتن وطن‌پرستی کردی

با همه تندی‌ات اما در آسودن خویش
چشم پوشیدی و اندیشه‌یی سستی کردی

۴۲

وای بر تو کفتر مکاره‌ام
خون دل خوردم نبردی نامه‌ام

آمدم تا قصه گویم پیش تو
شب کجا بودی نبودی خانه‌ام

آتش این سینه را خاموش کن
تا نسوزی کلبه‌یی پروانه‌ام

هیچ پنداری کشد آهی ز دل
گریه‌های بی‌سر و سامانه‌ام

کاش بالت می‌شکست در آسمان
پاس آن پاس‌داری صدساله‌ام

دایما بردی نیاوردی خبر
نیم‌راه ماندی پیام و نامه‌ام

۴۳

بتا با نیش ابرویت گزیدی‌ام گَزیدی‌ام
به آه و ناله و گریان کشیدی‌ام کشیدی‌ام

بهای ناتمامی نزد خوبان جهان داشتم
تو با لبخند ناچیزی خریدی‌ام خریدی‌ام

شدم پروانه‌یی شمع نگاه آتشین تو
رها در آتشم کردی ندیدی‌ام ندیدی‌ام

نمی‌بینی به پرپرگشتن برگ درخت جان
نهال پر ثمر بودم نچیدی‌ام نچیدی‌ام

فنا گشتم فنا گشتم شدم خاکستر کویت
به باد تند ویران‌گر سپردی‌ام سپردی‌ام

۴۴

ز روزی بترسید که اعلان شود
خدا از وجودش پیشمان شود

همان شیخ فانی که فتوا دهد
خودش رفته استاد شیطان شود

هوا خیره گردد ز دود و غبار
جهود در لباس مسلمان شود

نسب‌ها بروید پلید و حرام
پدر از پسرها گریزان شود

یکی فتنه گردد بسوزد جهان
فلک از شرارش به گریان شود

سگی گر چشد آب دریای نور
کجا آب دریا پریشان شود

ز آدم نماند دگر صورتی
جهان مسکن گرم گرگان شود

نماند یکی رمه در خیل خود
که گرگی سر رمه چوپان شود

خدا پرده پوشد ثریایی خویش
زمین خالی از برف و باران شود

کفن جامه گردد به تن‌های مان
بهار فصل سرد زمستان شود

۴۵

بروید سگان سال‌خورده خانه محتاج پاسبانی نیست
این‌قدر جف برای ما نزنید ره‌زنان را رهی نهانی نیست

های سگ‌های پیر پوشالی خورده‌اند رمه را گرگان
یک‌یکی بره‌های ما کم شد دیگر حاجت شبانی نیست

کوشش بی‌جهت نکنید منتی بر قبیله نگذارید
زورقی را که گِل فرو بُردست چاره‌اش بادبانی نیست

پشت دیوار داوری تا کی دست بر دست هم بباید داد
این فرو رفته قایق را چاره جز همت و تبانی نیست

نسل نو راه نو به پیش گیرید دامن کهنه را رها سازید
این چنین در خیال آب تشنگی را جواب آنی نیست

قطره با قطره دریا شد گل به گل دست داد بهار آورد
ما اگر دست به کار شویم فرصتی بهر پا میانی نیست

بلبلی نغمه‌خوان باغ وطن نغمه‌گوی و ترانه‌خوانی کن
تا تو از خس‌پرستی برگردی دیگر آواز زندگانی نیست

۴۶

بلخ من امروز گریانی چرا
خالی از جوش بهارانی چرا

شام غم‌های جهان پایان رسید
این قدر شام تو طولانی چرا

ژنده‌یی دایم بلند خوش‌نما
دیدمت سالی‌ست پایانی چرا

لاله‌یی سرخ‌رویی دشت شادیان
لب نمی‌جنبی و حیرانی چرا

بابه قوی مستِ آتش در دهن
داغ غم داری به پیشانی چرا

مهد جشن آریایی‌ها، تو را
بی‌گنه کردند زندانی چرا

گشته صحرای بخارا لاله‌ریز
با تو هی این لاله‌ریزانی چرا

هر طرف جوش بهار و رویشی
بازی دست زمستانی چرا

نیست محفل مثل محفل‌های پار
پارسایان این پریشانی چرا

مرغ رنگین‌بانگ طوفان زیر پر
نغمه‌یی غمگین می‌خوانی چرا

گشته‌یی آبشخور غوکان غول
رود آموی خراسانی چرا

ای چراغ راه تاریخ سیاه
تا سحر روشن نمی‌مانی چرا

گَرد گندی گِرد بخدی حلقه زد
آب‌شاران، آب‌شارانی چرا

۴۷
ای مرغ وحش لانه‌یی خود را فروختی
تنها نه لانه، ساحت صحرا فروختی

در پیش پای فتنه‌یی دوران خمیده و
ارزان تو آن قامت بالا فروختی

ای خود فروش فاجعه‌آور بگو چرا
سنگ و صدف، ساحل دریا فروختی

بر تاج کهنه‌یی بی‌نام و بی‌نشان
دین و شرف جمله تو یک جا فروختی

دیروز را وقف غلامی نموده و
امروز را به وعده‌یی فردا فروختی

رویت سیاه مانده و بی‌نور می‌روی
چون تو ز خویش چهره‌یی زیبا فروختی

ریختی شراب کوزه‌یی مستی‌فزای ما
غزنی و بلخ تا به بخارا فروختی

شب‌های عیش و فرصت چندان زندگی
بر دورترین ظلمت یلدا فروختی

رازی از این معدن مخفی نمانده است
با هرکسی نشستی معما فروختی

ای ناخلف تو ساقی دیوار به دیوار
مینای خود گذاشتی، از ما فروختی

۴۸
رهبران را چه غم از ره‌رو بی‌پای غریب
ای هم‌اندیشه بیا تا غم خویش برداریم

جام جمشید شکستند و شرابش ریختند
تاک بی‌خوشه بیا تا جم خویش برداریم

هرچه بود از ره ما تیره‌دلان برداشتند
حالی از گوشه بیا تا کم خویش برداریم

تشنه‌لب تا چه دمی دیده به راه باران
شاخ نو ریشه بیا تا نم خویش برداریم

همه از بار گران من و تو خسته شدند
بیشه با بیشه بیا تا همِ خویش برداریم

۴۹
به تاریخ نبینید که بدنام شدیم
چو مرغی گرفتار این دام شدیم

نجویید نگویید دگر این و آن
به هر گفته کردیم ناکام شدیم

نمالید به چشمان تان دست کس
فروشنده‌یی هویت و نام شدیم

یخن پاره سازید به پیش‌واز دهر
چه جرمی نمودیم و اعدام شدیم

به هر ره که رفتیم فتادیم به چاه
به هر جا رسیدم بدانجام شدیم

گرو داده‌ایم جان خود بی‌هدف
چه دل‌ریش این رشته‌یی خام شدیم

ننوشیم ز دست کسان جرعه‌ای
که شرمنده‌یی باده و جام شدیم

۵۰
صدای می‌رسد در گوش من از نام آزادی
که در گوش جهان آواز کن پیغام آزادی

شروع این تجمل خوردن خون دل است اما
فروغ جاودانی دارد این فرجام آزادی

رها کن حلقه‌یی دست و سر از زانوی خود بردار
که نتوان با سر خم نوش کردن جام آزادی

جدا یک لحظه‌یی از شور و غوغا نیست این مستی
کسی گر دیده باشد لحظه‌یی او کام آزادی

دلی فربه و گامی استوار و همتی بالا
بلند اندیشه می‌خواهد شدن بر بام آزادی

بیایید عاشقان صبح، سحرخیزان نورپرور
که یک‌بار دیگر سازیم سحر این شام آزادی

۵۱
با دو چشمان سیاهت شب‌نشینی می‌کنم
ماه من شامی تو را آخر زمینی می‌کنم

مثل یک دیوانه می‌رقصی میان شعر من
می‌سرایم، می‌نویسم، غصه چینی می‌کنم

جنگل جانم میان آتش چشم تو سوخت
همچو ققنوس دلیر آتش‌نشینی می‌کنم

مثل یک پروانه می‌سوزم به دور شمع خویش
من طواف کعبه‌یی عشق زمینی می‌کنم

می‌تراشم پیکری از خاطرات روی تو
باقی است تا خون دل نقش‌آفرینی می‌کنم

۵۲
مرا با این‌همه تلخی و تندی‌ها قناعت کن
کمی با غصه و اشک و کمی با گریه عادت کن

ببند رخت سفر دیوانه از شهر غریب دور
درآ در دیده و در دل میان جان اقامت کن

بیندازم به‌دشت غم نیندازم ز دل بیرون
بیا با چشم ویران‌گر مرا از من غارت کن

اگر با بوسه‌یی گرمی گرفتار گنه گشتم
بگیر دستان سردم را چو پیغمبر شفاعت کن

بخوان آیات قلبم را ز لای صفحه‌یی چشمم
حدیث تازه‌یی در باب این عاشق روایت کن

بتی می‌سازمت در معبد کفرآزمای ذوق
دلم را می‌دهم فرمان خدایت را عبادت کن

تو ای زیباتر از ماه و ملایک در نگاه من
گنه کن، مفتی و ملا و زاهد را خجالت کن

۵۳

نفهمیدی ز هجرانت کجا بودم نمی‌دیدی
میان زلف مرغولت صبا بودم نمی‌دیدی

بهار آمد ولی من تا هنوز رنگ خزان دارم
چو برگی در کف دست هوا بودم نمی‌دیدی

طبیبم بودی و اما به درمانم نکوشیدی
به درد بی‌دوایی مبتلا بودم نمی‌دیدی

به اشکم سرد خندیدی و دستانم رها کردی
میان آتش غم‌ها رها بودم نمی‌دیدی

ز هر خاکی گرفتی سرمه‌یی چشمان خود کردی
برایت خاک بودم فرش پا بودم نمی‌دیدی

۵۴
این چه نوری‌ست مرا بی‌سروسامانه نمود
مرغ شوریده‌یی در سینه‌یی من لانه نمود

شعله‌یی چشم کدام مه‌وش آهو صفتی‌ست
آتش کیست که در خرمن من خانه نمود

از کجا ره زد و جلوه‌یی مستانه‌یی کیست
بوی افسانه‌یی وی بوی من افسانه نمود

دل در این حادثه از میهن من رفت که رفت
وه چه دیوانگی‌ها با من دیوانه نمود

می‌شکست شیشه‌یی تقوای دوصدساله‌یی من
تا سر زلف عروس خِردم شانه نمود

۵۵
مشامم خوشه از رخسار مشکین تو می‌بوید
لبانم جرعه‌یی لب‌های شیرین تو می‌جوید

هوا عطری ز موی عنبرافشان تو می‌افشاند
حواسم سبزه‌یی صحرای خونین تو می‌روید

گرفتم از سپیدار بلند قامتت برگی
به گفتار آمد و تکرار تکرار از تو می‌گوید

خداوند تیر مژگان تو را زد در ته قلبم
خیاط خنده‌ات زخم سم‌آگین تو می‌شوید

مرا بی‌وقفه می‌پرسی کجا گم کرده‌ام دل را
کجایش را نمی‌دانم ولی روی تو می‌پوید

۵۶

عزیزم، جان من، باری بیا پادرمیانی کن
سکوتم بکشن و با بی‌زبانی هم‌زبانی کن

نمی‌دادم دلم را آمدی با خنده‌یی بردی
که حالا بُرده‌یی مهمان خود را میزبانی کن

بریز آب وفا در ریشه‌یی این نونهال خود
بیا ای باغبان دل به باغت باغبانی کن

اگر لایق نمی‌بینی که در قلب تو بنشینم
بفرما خود شبی آ در سرایم مهربانی کن

کبوترها فرستادم یکی هم برنگشت سویم
بگیر آن نامه‌ها را نَی بزن کاغذپرانی کن

۵۷
کاش می‌شد کوزه می‌بودی و در می‌داشتی
بر تن غول‌پیکر پندیده سر می‌داشتی

خوب می‌شد می‌چشیدی طعم تلخ زندگی
از دل رنج دیده‌یی مردم خبر می‌داشتی

درد زخم کوچکی را می‌نمودی حس شبی
از کنار جاده‌های غم گذر می‌داشتی

می‌جهاندی اسب خویش از لای گند ابلهی
گر تو دندان جوانی در جگر می‌داشتی

خوب می‌شد می‌شکستی حلقه‌های بَردگی
یک کمی غیرت، غرور مختصر می‌داشتی

این‌قدر آسان نمی‌دادی تو عزت به باد
شر نمی‌کردی اگر ننگ بشر می‌داشتی

۵۸
غمی در دل ندارد ذره‌یی دولت‌مدار ما
تباه شد پیش دنیا اعتبار شش‌هزار ما

نه من تاجیک شدم، نی تو شدی افغان، واویلا
کجا رفت افتخار ما کجا شد اقتدار ما

نه صلحی آمد و نی دشمنی با ما برادر شد
به دست دیگران افتید کلید اختیار ما

وطن چون زورق بی‌ناخدا در کام گردابی
نباشد غیر ویرانی دگر هیچ کار و بار ما

به اوج خود رسید بی‌چارگی، آوارگی اما
فلک را کرده کر لاف گزاف و بی‌شمار ما

در اندوه وطن خون دلم از چشم می‌بارد
نمایش‌گاه دشمن گشته دشت لاله‌زار ما

۵۹

به بازی‌بازی دل بردی کجا بردی چه‌ها کردی
چه شد باز ای غم دیرینه یاد آشنا کردی

اسیر دل‌فریبی‌های چشم آهو مانندت
فکندی‌ام به تیر مژه در خونم شنا کردی

ندارد الفتی چشمم به لبخند رخ خرشاد
چه ماه خوش‌درخشی را از آغوشم جدا کردی

سکوت مجلس ما را صدا آفت زند آفت
به زنجیر دلم نادیده چشمم را صدا کردی

من از شام دل‌انگیز سر زلفت نگیرم دل
نپنداری مرا از دام غم‌هایت رها کردی

۶۰
چرا با تیغ هجران می‌کُشیدم
تو را با خون دل می‌پروریدم

نگفتم لحظه‌ی من حرف تلخت
ولی از هرکسی حرفت شنیدم

زدی آتش کشیدی دودم از دل
به بینی از غمت آخر رسیدم

کنار دشمنان من نشستی
گلی از باغ الطافت نچیدم

چه دنیای پر از مهرم ربودی
بجز بی‌مهری از مهرت ندیدم

۶۱
ای به غفلت خفته ملت باز خاموشی که چه
لقمه‌ات را خورده دولت باز خاموشی که چه

تابکی گریان شدن، ویران شدن، حیران شدن
هی نمی‌پرسی تو علت باز خاموشی که چه

گوش دنیا کر ز صوت غیرت افغانی‌ات
ای سراپا کان غیرت باز خاموشی که چه

این‌قدر پستی و پایینی و کم‌بینی ز چیست
گشته‌یی غرق ذلالت باز خاموشی که چه

قندهارت را اسیر و کابل‌ات را کشته‌اند
ای غریب‌آباد غربت باز خاموشی که چه

سوخته‌یی در کوره‌های رهبران ره‌گریز
رفته از دست تو فرصت باز خاموشی که چه

۶۲
یکی امشب از غبار می‌آید
قصه‌یی پَر شکسته می‌آرد

قصه‌یی آن بهار بی‌باران
آهِ گل‌های ناشکفته می‌آرد

درد صحرای بی‌گیاهی را
درد آهوی خسته می‌آرد

درد ناگفته‌های مردی را
که دهانش ببسته می‌آرد

خیرگی‌های شام غمگینی
ماه در خون نشسته می‌آرد

قصه‌یی سردِ دیر شدن‌ها و
قصه‌یی آب رفته می‌آرد

قصه از ناله‌های دخترها
کسی از آن نگفته می‌آرد

قصه‌یی رسم مهربانی‌ها
رنگ دیگر گرفته می‌آرد

قصه از دست پُر حنای عروس
که به ماتم نشسته می‌آرد

قصه‌یی مادری که فرزندش
خفته در خاک خفته می‌آرد

۶۳
می‌رود دریا ز چشمانم کران‌ها تا کران
با من این ابر سیه دارد سیالی می‌کند

وا دریغا طفل شوخ آفتاب زندگی
در غروب عمر ما دایم هلالی می‌کند

حسرتا با خون دل در دیده رامش می‌کنم
وقت دیدن دیده‌ها با من خیالی می‌کند

دل چو می‌آید به گفتار و که آزارم دلش
این زبان بی‌زبان با من چه لالی می‌کند

دل فریبی می‌کنم شب‌ها که می‌آید سحر
چون سحر سر می‌زند با من سالی می‌کند

دست ما کوتاه و طاق بخت یار ما بلند
دایما بخت سیه آشفته‌حالی می‌کند

۶۴
شنبه‌ها تشویش کار آدینه‌ها در انفجار
آرزوها زیر خاک و گفتنی‌ها بی‌شمار

جاده سرخ است از سقوط برگ‌های تاک باغ
نیست آواز پرنده نیست پاییز مثل پار

ترس خوردم جای ناشتا، در گلویم گیر کرد
نان ما ترس است این‌جا، ترس دارد زهر مار

اشک می‌دوشند اشک از لاخ پستان‌های بم
آن یکی پنهان می‌دوشد، یکی هم آشکار

از لب دیوار شرق دیدم محیط غرب را
آن طرف دیدم خدا را این طرف خود را به دار

۶۵
سرمه از چشم یتیم بی‌بضاعت می‌زنید
یادتان باشد که از دنیا خجالت می‌روید

هیچ از کار شما کارا نشد کار وطن
روزگاری می‌رسد رسوای ملت می‌شوید

فال‌گویان سیاسی با سیه‌رویی تمام
سرنوشت ملتی با شعله قسمت می‌دهید

شیر غرام دَر دربار خویش اید و ولی
از هراس روبهی در غار ظلمت می‌خزید

فطرت آزادگان هم‌زاد کم‌زادن نیست
آبروی مردمان سروقامت می‌برید

نَی نداند ناله‌یی دل تا نبیند درد هجر
خون ما را می‌چشید و بار منت می‌نهید

۶۶
تا چو افتاد سرنوشت کار من با کار تو
بارها دیدم سر خویش زیر بار دار تو

هردو از روز نخست شعر ما خون می‌خورند
دیده از دیدار من، آیینه از دیدار تو

لحظه‌ی افت جوانی و غروب آدمی‌ست
کی به پایان می‌رسد تکرار من، انکار تو

عنکبوت بخت ما گر زنده بود و می‌تنید
بسته بود حالا گره تار من با تار تو

با پیامبر، با کتاب-یاری نشد آیین ما
بعد این باشد خدا هم یار من، هم یار تو

۶۷
مردگان آیینه‌دار زندگان ما شدند
زندگان آیین‌پرست مردگان ما شدند

گوسفندان گوسفندی رتبه دادند بهر ما
گرگ‌های گله‌یی میش پاسبان ما شدند

میش‌ها دیگر مشابه نیستند با هم‌دیگر
ره‌زنانِ زیر پوستین هم‌رهان ما شدند

گربه‌های کوچه‌گرد لاش‌خوار بددهن
رتبه‌یی گرگی گرفتند گرگان ما شدند

تا دَر اندیشه بستیم و گشودیم درب سر
ره‌روان فرماندهان رهبران ما شدند

بس که این بار تنک‌فهمی کمرهامان شکست
بی‌سوادان سبک‌فهم معلمان ما شدند

تا به تیغ کینه تار آشنایی شد جدا
دشمنان تشنه‌خونی دوستان ما شدند

۶۸

گسستم تار تزویر و گره کور چشمانم
رها از خویشم و خشم رهایی‌هاست ایمانم

غریو مست یک‌رودخانه جاری در گلو دارم
روم تا تشنگی از کام خشک دشت بنشانم

دماغم مست بوی جامه‌یی ماه نواندامی‌ست
فلک در پیش رو دارم حریف فُلک طوفانم

روان آسمانم پیکر بی‌جان مه بر دوش
که اشک دیده را در دامن خورشید افشانم

سفیر آتشم در سینه سوز سرکشی بینم
نگین دست خورشیدم چراغ خویش سوزانم

تماشای غروب و رغبت ساحل‌نشینی بس
به موج بحر ناپیداکرانی کشتی می‌رانم

پرستوی مزاجم ترک باغ آرزو می‌کرد
نمی‌دانم کجا باشد از این پس باغ‌وبستانم

خدا را منزلم دور است و راه جاده‌ها بی‌نور
به دولت می‌رسد آیا صدای خون‌ریزانم

۶۹

مطرب زلف تو بودم عابرم کردی چنین
آمدی با ساحری‌ها ساحرم کردی چنین

سر دبیرِ مجلسِ مستان دریا دل بُدم
عاشقم کردی و آخر شاعرم کردی چنین

هستی‌ام را شوق نیستی داده بود دست فنا
این چنین پیدا نبودم حاضرم کردی چنین

سر نمی‌داشتم بلند از ساحت سجاده‌ام
شیشه‌یی ذهدم شکستی سامرم چنین

در سرم سودای سود سیب و گندم داشتم
از بهشت بیرون نمودی کافرم کردی چنین

خوش‌تر از دنیا نبودست کنجِ بی‌آفت مرا
در درشتی‌های گردون صابرم کردی چنین

۷۰

خرمن دیوانگی آتش گرفت
خاک چه ارزان به تماشا فروخت

شقف نگاه من از اشک شد خراب
گریه مرا برده به غم‌ها فروخت

هوش سرم را به همین سادگی
قطره‌یی از باده و مینا فروخت

خواب خوش از خانه‌یی چشمم رمید
شب قصه‌ام را به درازا فروخت

شعله‌یی شمع رخ یاران رند
جان و تن و بال و پر ما فروخت

۷۱
ای خراسان بزرگ و سربلند
ای شکوه نام‌دار و ارجمند

مأمن خورشید و زایش‌گاه مهر
ای عصای قامت و راه سپهر

موج بالاقامت هر ساحلی‌ست
هر زمینی را وجودت حاصلی‌ست

زنده‌ای تا زنده‌اند رزمندگان
جاودانی جاودانی جاودان

مسند رندان آیین خدا
زادگاه مردم کشورگشا

۷۲
منال ای ستم‌دیده از درد تن
که تن را نباشد چو درد وطن

بمیرد اگر تن به خاکش نهند
اگر خاک بمیرد چه باشد کفن

مرا درد خاک است خاکسترم
چو بلبل که کشتش فراق چمن

چه داند غمم را دل بی‌غمی
سری کو ندارد ز سودای من

نبینی جز از خانه‌یی خود رفاه
نگردد تو را خانه روم و یمن

۷۳

چه سازی باز می‌سوزد به سازش ساز سارنگم
گلویم بغص می‌گیرد نمی‌گیرد سُر آهنگم

گرفت حالم شکست بالم تنم زندان عقلم شد
میان نَی نمی‌گنجد نوای این دل تنگم

صدای عشق در گوشم نمی‌پیچد نمی‌دانم
کجایم چیست این دنیا مگر همسایه‌یی سنگم

کی آورد و رهایم کرد در این دنیای رنگارنگ
به هر رنگی که می‌بینم ز رنگم می‌پرد رنگم

حریفم گشته دستانم زبانم می‌خورد سر را
تماشا می‌کنم تا صحنه را با خویش می‌جنگم

کمی آهسته‌تر ای زندگی ای ناخدای عمر
زمان اسب دوان دارد من اما از دو پا لنگم

۷۴

غمین است نغمه‌ام گیتارم آوازی نمی‌آرد
ربابم بسته لب را سوز دمسازی نمی‌آرد

دلم چون مرغ بال‌افگار صحرارانده‌ی زخمی
ز الهام خانه‌یی هستی سِر و رازی نمی‌آرد

چه شیپور سفر را می‌نوازی پیش اندامم
سرود آسمان هم شوق پروازی نمی‌آرد

ز بس کژگردشی‌های عقابان هوا دیدم
پرم دیگر ادای رقص شه‌بازی نمی‌آرد

تو گویی شعر من دیوانه‌یی زنجیریی‌ست امشب
که از تبعید و زندانی‌شدن آزی نمی‌آرد

تنم با زخم شمشیر زمان انسی دگر دارد
جدا می‌گردد از تن گردنم سازی نمی‌آرد

۷۵
چه تیغی دلکشی داری چه دست پرتوان ای دل
چه خونی می‌چکانی از وجود آسمان ای دل

چه گرزی می‌زنی در جان خواب‌آلود وجدانم
به بیداری رسانی رگ رگ این استخوان ای دل

نظر تا می‌کنم سرلشکر روز نبرد آفتابی تو
چه بی‌باکانه می‌جنگی تو با دیو زمان ای دل

که تا گیری کلید اختیارت را به دست خود
گریبان می‌گشایی پاره می‌سازی تو جان ای دل

دو چشمت آبشار نور و آهنگ گلویت شعر
چراغی داری از خورشید و سیر لامکان ای دل

دو بالی در دو بازو داری و چنگال سخت‌گیری
به دنبال شکار خود شتابانی روان ای دل

همای بخت خود را می‌پرانی در هوای عشق
به برج کهکشان می‌سازی طرح آشیان ای دل

۸۶
وجد بیدل گه‌گهی مست شرابم می‌کند
جرعه‌یی می‌نوشم و پیراهن غم می‌درم

کار من لبخندتراشی و غم بی‌میهنی
می‌فروشد هرکجا اولاد آدم می‌خرم

تازه از تخم قضا در آشیانی خفته‌ام
انتظار بالم و از قید جانم می‌پرم

تا در میخانه‌های معرفت را دیده‌ام
سوی درب مسجد آبادی پا کم می‌برم

بی‌خودم خوی مرا پروانه در پر ریخته
کافر عشقم ولی سوی خدا هم می‌روم

۷۷

از دو چشمان بخارا اشک کابل می‌چکید
اشک شیراز بر سر تابوت کابل می‌چکید

لاله‌یی در چنگ باد رنج سفر را می‌گریست
خون بلخ از قونیه تا شهر کابل می‌چکید

در سمرقند فاخته‌یی کوکوکنان بر سینه تیر
دیدمش پرهای آن در بام کابل می‌چکید

با زبان مادری من همی‌زد فاخته کو
کو همان آبی که از آبشار کابل می‌چکید

با قناری‌ها پریدم سوی باغ رشت و ری
دانه تا می‌چیدم از منقار کابل می‌چکید

ژاله در بغداد بارید سیل تندی ناگهان
جاری از کولاب شد از سقف کابل می‌چکید

هرکسی بر شیشه‌یی فرهنگ ما زد سنگکی
اشک خونین از بر رخسار کابل می‌چکید

۷۸
آسمان بی‌ابر و اما سقف کابل می‌چکید
اشک هر دیوانه از چشمان عاقل می‌چکید

لاله‌یی در چنگ باد رنج سفر را می‌گریست
خون بلخ از قونیه تا شهر زابل می‌چکید

در سمرقند فاخته‌یی کوکوکنان بر سینه زد
دیدمش پرهای آن در بام بابل می‌چکید

با زبان مادری می‌زد همی کو فاخته‌ای
کو همان معنای زیبای که از دل می‌چکید

با قناری‌ها پریدم سوی باغ رشت و ری
دانه تا می‌چیدم از منقار من گِل می‌چکید

هرکسی بر شیشه‌یی فرهنگ ما می‌زد به سنگ
اشک خونینی ز رخسار تحمل می‌چکید

نعره‌یی آمد که خورشید با دو کلک پنهان نشد
تازه فهمیدم که اشک ما باطل می‌چکید

آب نیشابور و کولاب و خجند و بلخ و ری
جمله یکجا می‌شد از آبشار کابل می‌چکید

۷۹

شب می‌رود ز دستم شب‌زنده‌دار خدا را
یا دست من رها کن یا دامن خدا را

تسبیح می‌شماری، بشمار ولی یک امشب
در کوزه هرچه است ریز، نشمار پیاله‌ها را

با توبه عهد کردم دیگر نه توبه گویم
بیزارم از بهشتی جاداده‌اند شما را

ای مفتیان نه مفت است دوزخ به هر مخطی
از پا نمی‌نشینم تا نشکنم دو پا را

دو دیو مست خون‌لب از دو جهات دنیا
پیدا شدند شکستند قلب من و شما را

ای نیچه از چلیپا دست تو سرخ چو مغرب
واعظ تو مات کردی شطرنج آسیا را

از جِیب پاره‌یی شرق گم‌گشت گوهر ناب
نقب است کار مغرب که‌سار این گدا را

آن سر که جَیب دیدست کو در سرای هستی
جَیبی که سر ندیدست بیند چگونه پا را

۸۰
یک شب تاریک می‌گفتم سحر
می‌شدم از بی‌گمانی گم ز بر

آفتاب آیا که در دست کی بود
من کجا بودم نمی‌دیدم دگر

هم‌چنان من در تلاش روشنی
روشنی پیش و من از پایش به سر

دیده‌ام ماهی که همراش غبار
دیده‌ام راهی که پایانش سفر

عقل گوید بس کن و کوتاه بیا
دل به گوش جان دگر گوید خبر

رفتم و رفتم به صحرای که باز
وصل می‌شد با همان راه دوسر

عقل لرزان گفت نرو گم می‌شوی
دل همی دندان گذاشت روی جگر

در میان عقل و دل دعوی بلند
در کف دل عقل و عقل در کف تبر

خون جاری از دل و اما روان
می‌کشید از دست من سوی هنر

تا نیندازم امید از ظرف خویش
تا نیفزونم سیاهی بر بشر

صد تبر بر سینه می‌خُرد و هنوز
می‌تپید تا بدهدم از سد گذر

من چو حیرانی که مابین دو دوست
یک برادر باشد و دیگر پدر

بر سر مهر برادر آمدم
دست دل کردم رها رفتم ز در

دست عقل از من قوی‌تر می‌کشید
کش‌کشان می‌برد مرا این هم‌سفر

مدتی با او در این ره رفتم و
چندروزی خوش بُد آغاز سفر

تا رسیدم در نشیب عافیت
پای من لغزید ندانستم دگر

عقل تنهایم نمود و دور شد
تک‌وتنها ماندم و سیل خطر

ناله کردم گفتم ای یار عزیز
هین چه کردی با من خونین‌جگر

گفت همینم من که می‌بینی کنون
دشمن جان تو، نامم چشمِ سر

در لباس عقل تو ظاهر شدم
مبتلا سازم بشر با دردسر

بوده‌ام در خدمت ظلمت غلام
هرکی هم‌دستم شود روزش بتر

زان بود کارخانه‌یی‌ بم در جهان
زیر فرمان من است عقل بشر

کار دل دارو ز من باروت و دود
آتش است کار من و از دل شجر

او برویاند، بخشکانم من آن
وی درون‌بین است و من بیرون‌نگر

فتنه‌ها فرمایش ذوق من است
دانش جاهل مرا شیر و شکر

جنگ اسرائیل ز پیکار من است
دستم از خون فلسطین گشته تر

من اتوم گویم اتوم گویم اتوم
یار ویرانی و استم دردسر

فتنه‌یی من بود که جنگ آسیا
می‌شود هرروز بیش‌تر شعله‌ور

تا به دام اندازم این قوم قلاش
من گشودم درب دفتر در قطر

صلح می‌گویم که جنگ دیگری
روی کار آرم ز خیری باز شر

تا بشر این‌گونه هم‌پای من است
نی به بر لر مانم و نی لر به بر

من نیم ماهر چنین در کار خود
گردد از جاهل شکارم مختصر

خاک می‌پاشم به چشم آدمان
از نفاق آینه‌یی دارم به بر

هرکی بیند گویمش زیبا تویی
جز تو این‌جا نیست زیبای دگر

لایق این قدرت و فرمان تویی
از تو است در کیسه‌یی هرکی‌ست زر

بم بساز و رَو به ملک دیگران
مردمانش را بکش، نانش ببر

تا بود ظلمت مرا قدرت بود
کور سازد ظلمت از مردم نظر

بهر این من روشنایی بد برم
بهر این آوردمت تا این صقر

گر که خواهی بار ات آسان برکشی
خر بپرور خر بپرور خر خر

زود باش و در تباهی‌ها بکوش
در سیاهی هرچه می‌آید بچر

گفتمش ای عقل کوتاه گوش کن
با برادر کی برادر داده شر

تا گریزم از سرای وهم عقل
وام کردم از قضا پای دگر

نیست دانش آنچه آرد جاهلی
روشنی پیدا نگردد از سحر

تا نگردی یار دل در ظلمتی
ظلمتِ عقل تو با تو خیره‌سر

گرچه دل‌سوزست برادر ای عزیز
سوز دل اما ندارد چون پدر

از برادر گر چشی کندوی قند
تلخ می‌گردد به کامت ای پسر

تند دویدم سوی دل دیوانه‌وار
کردم آغوشش چو دریایی گهر

۸۱
مثل یک سایه‌یی وحشت‌زده دنبالم آمد
پس هر روشنی پنهان شدم احوالم آمد

شن شدم تا ته شن‌های بیابان رفتم
تا ته آن‌همه شن‌زار به پامالم آمد

تشنه بودم که رسیدم لب جوی عمر
چنگ بر آب زدم خاک به چنگالم آمد

به هوا پر زدم از روی زمین دور شوم
پر کشید مثل هما بال به بالم آمد

پرده‌یی چهره‌یی آن سایه دریدم، دیدم
مرگ بود مرگ که در صورت اعمالم آمد

گفتم ای مرگ مرا مهلت فردایم ده
یادم از مهلت دیروز و ز سالم آمد

دیدم از دام غروب نیست رهاییِ چراغ
ترسم از گم‌شدن و یاد زوالم آمد

چاره جستم که پس از مرگ نمیرد سخنم
یادم از صحبت مولای جلالم آمد [۱]

گفتم ای پیر چه سازم غم نابودی را
پاسخ عشق به اثبات سوالم آمد

غرس کردم دلم را به گلستان امید
خوشه شد چشمه‌یی تا بیخ نهالم آمد

---

[۱] مولای جلالم(مولانا جلال الدین محمد بلخی)

سبز گشتم، ز بر و دوش فشاندم عطری
مرغ خوش‌خوان جوانی به جالم آمد

شرفه‌یی پای شندیم، جهیدم دیدم
زندگانی‌ست به پرسدین حالم آمد

۸۲

نیم گل تا به بستانی گرو گردم به عطرافشی
به چنگ باد عادت نیست پرواز پَرِ برگم

اثر گر دارد از خشکیدنِ گُل مغز بدمستم
دگر رویدنی دارد روان من پس از مرگم

به عیب کس نه آستین برزنم چون خار از خشکی
غبار آسوده است از بس که با آیینه هم‌رنگم

نمی‌داند زبان من جز آن پروانه‌یی شب‌گرد
نمی‌گویم که گوش شعله را می‌سوزد آهنگم

چه از ابروی ترش زندگی گیرم به دل ترسی
تراش دست عشقم کی زند از روزگار زنگم

زبان شیشه را بعد از شکستن سنگ می‌فهمد
به دیوار غلامی تا شدن تابلو خوشا مرگم

چه بشندی تو ای دل از زبان نرم خاکستر
که خاکم کردی و پاشم نمودی از بر سنگم

به اعجاز ملائک گشتن، آدم بودن ما ننگ
چه شمشیر برانی ساخته این آهنگر ننگم

خطوط قرمز عشق است راه زندگانی‌ها
جز این ره هر ره دیگر روم در راه می‌لنگم

۸۳

بیدل هرجا بیکرانی‌هاست امواج تو است
در دل هر صخره‌یی معنی آماج تو است

هر شهنشاهی که جوهر برده از بحر خرد
بر سر فهمایی او گوهر تاج تو است

تیشه‌یی ادراک عجب این‌گونه کندن‌کار چُست
هرچه از عمق کتل‌ها آید اخراج تو است

ره‌سپاران معانی گرد کوی معرفت
کلک‌گزانِ حیرتِ شیرینیِ واج تو است

قوی فطرت رام کردی و سخن‌گویش شدی
فکر پرواز هرکی دارد بیش محتاج تو است

روی نیستی را نمایش داد هستی‌شیشه‌ات
رونمایی‌ها ز تصمیمات مزاج تو است

بس‌که معجون کرده‌ای مفهوم و آوا و کلام
طفل تفسیرات معنا غرق مواج تو است

گارگه اندیش‌مندی صنعت پر رونقی‌ست
دید هرصنعت‌گری صنع تو را هاج تو است

تیغ تدبیر نزد هر استاد ساییدن خطاست
عشق را سوهان دل‌خواه صیقلِ ساج تو است
*****

نیست رنگی بِه ز بی‌رنگیِ تو در عصر رنگ
سبزه‌زارت سبز باد و باد بالا کاج تو

زنده‌جانان را بسی در تن حلاجی خفته است
نیست در جان کسی سرکش‌تر از حلاج تو

۸۴
تو را آغوش می‌دادم که ناگه هوش گم‌کردم
چو برگشتم ز بی‌هوشی و هی آغوش گم‌کردم

عجب پیکار سنگینی بوَد پیکار عشق‌بازی
شراب سر می‌رود از کوزه و سرپوش گم‌کردم

سبق‌آموز صنف سرکشان دهر گردیدم
خروش آموختم و اما طریق جوش گم‌کردم

به پرواز آمدم دیدم جهانی زیر پر دارم
در این پرپر زدن‌ها بینش کاوش گم کردم

گذاری داشتم من از خموشستان دانایی
نمی‌دانم چه بشنیدم که ناگه گوش گم کردم

چه آواز بلندی دارد امواج سکوت و صبر
شدم تا مطرب صبر و لب خاموش گم کردم

۸۵
یک علامه بی‌علل بر مرهم معلول نخاست
زین علائم آمد این علامه بیزاری مرا

دشمن تقوا و تسبیح من آن ابلیس نیست
دین‌گزیران می‌گریزانند ز دین‌داری مرا

عافیت‌پرورده بودم دشت بود سجاده‌ام
در محیط تنگ مسجد گم شد عیاری مرا

رسم رسوایی ندانند روسری‌داران شهر
تا حجاب چهره‌داری نیش‌پنداری مرا

آهن از آهن‌پرستی‌های ما مستحکم است
باش آهنگر دمی گر دوست می‌داری مرا

چیست آیا معنی رویای شب‌های دراز
خواب دیرین ملاست تعبیر بیداری مرا

۸۶
ز بدمستی هستی نیستی آور به دست ای دل
اگر سرگرم این ساحل شوی موج یاد خواهی برد

خزانی کم کن و با برگ سبز زندگی نستیز
خودت خود را ز دست خود به رنگ باد خواهی برد

به وجد آی و به رقص آور زبان زیورآرا را
تو را آن جا که می‌خواهی رسی فریاد خواهی برد

نیندیش از کجایی، چیست آیین نیاکانت
که خود را در میان جسم خود از یاد خواهی برد

تهی از توده‌سنجی باش و بالاتر از آن بنگر
ز سنگ بینش ای دل ناکجا بنیاد خواهی برد

به اشک آلوده‌ام رخسار و رخ را سرخ بگذاشتم
تو هم ای لاله سرخ‌رویی سر آزاد خواهی برد

۸۷

تا قلم در دست می‌گیرم سخن گم می‌کنم
گر سخن می‌یابم و راه دهن گم می‌کنم

مثل آهویی که از چنگال ببری می‌رمد
جان سلامت می‌برم اما وطن گم می‌کنم

گوهر و گنج و گیاه بی‌بهای هرزه نیست
هویت و لفظ و زبانی را که من گم می‌کنم

جستجوی آرزوها شمع عمرم می‌خورد
تا به آغوشش کشم یک‌باره تن گم می‌کنم

تا به مرداب عفن‌آلوده قانع می‌شوم
از سر بخت قلیل طرف لجن گم می‌کنم

سایه تا بالای سر دارم تنم پوشیده است
می‌رسم تا سوی صحرا پیرهن گم می‌کنم

بخت کم بسیار می‌آید سراغ بی‌کسان
روز مرگم می‌رسد لای کفن گم می‌کنم

۸۸
بهار اشک‌فشانی دارم ای دوست
چه چشمان روانی دارم ای دوست

قدح نوشیده‌ام از جام چشمم
عجب رطل گرانی دارم ای دوست

بیا دریا تو دریایی ما بین
خروش جاودانی دارم ای دوست

گلو پیچیده خود بر حلقه‌یی دار
زبان خون‌چکانی دارم ای دوست

ز ابر تیره‌یی می‌بارد از من
چه لبریز آسمانی دارم ای دوست

۸۹
پروا نکن پروانه شو آتش حریف مرد تُست
ای مرد دمی مردانه شو سر دشمن نامرد تست

عشق آرزو کن دل ببر در جنگ دیو کوی او
در جنگ چو خاکستر شدی هرسو ببینی گرد تست

تا میهن تو آتش است تا تیر تو از آرش است
در سینه‌یی هر سفله‌یی تیر کمان فرد تست

از گنبد افلاک گذشت آن ناله‌یی شب‌گیر تو
آن جا که هر چیزی بود از فطرت شب‌گرد تست

پرواز عنقا گیر و رو در قله‌ها کن آشیان
کی شاخ لرزان لازم آن بال بالاگرد تست

ای با هنر چشم نهاد دل را به دریا گو برو
دل! کم دلی کم کن بیا دریا که دست‌آورد تست

تقدیر هم‌دست تو است تدبیر در چنگ تو است
زنجیر در بند تو است دروازه‌ها هم‌درد تست

۹۰
به هر اندازه از نالیدن من نی زند شادی
درون سینه خود می‌کاود او با آه بربادی

به دست ناکسان افتیده فرمان جهان امروز
نمی‌رانند جز این کشتی به تندامواج نابودی

هنر می‌خواهد این اعجوبه‌ای طور دگر دیدن
طبیعت را نبیند بی‌هنر با چشم استادی

اگر افسار وهم برگردن اسب سخن داری
زبان را داده‌یی دست گلوی نارسازادی

ز قید حسرت آیینه روزی پا برون آری
که خون نوشیده باشی از نگاه اخم آزادی

کی آیا دیده هم‌چون ساغر اقبال ناکامی
جز آن ساغرگسار دائم‌الخمر خدادادی

به پیش‌واز به دارآویختم شوق تماشایم
ز گرد استخوانم گِل کنم خشتی به آبادی

مرا با مستی‌ام بگذار مستی را هنر دیدم
که غیر این هنر نتوانم آورد نقش بنیادی

نه با این آدمی‌زادی به قاف آدمی آیی
رها کی گردد آدم بی‌هنر از آدمی‌زادی

تو از دیروز این دیروزیان یک روز امروز شو
به فردا می‌رسی امروز اگر دیروز بگشادی

۹۱
چه عجب نشسته در دل غم بی‌حیایت امشب
ولی از حیا نگویم به‌کسی جفایت امشب

نبری گمان که رفتی همه را تمام کردی
غزلی تراش کردم که نشسته جایت امشب

نه غلط گفتم این من که تو در غزل بیایی
دَر و کوچه ناله دارد همه از برایت امشب

به کجا گذر نمودی، ز کدام رهی تو رفتی
که دو دیده را بمانم سر خاک پایت امشب

چه شود به رسم دیرین خبری بگیری از من
که دو دست بی‌نوایم نکند دعایت امشب

غم ما اگر نداری که غمت چه کرده با ما
بت بی‌حیا! حیا کن کمی از خدایت امشب

۹۲

نی تمنای بهشت ما را نه سودای زمین
از تو ای بابای آدم ما صفی‌الله‌تریم

آنچنان در آتش نمرود دوران سوختیم
کز همه ایثار ابراهیم خلیل‌الله‌تریم

در سخن بی‌پرده‌ایم بی‌طور سینا با خدا
ما ز موسای کلیم‌الله کلیم‌الله‌تریم

بوی خون ما هنوز آید ز قربان‌گاه دهر
آری اسماعیل حیران ما ذبیح‌الله‌تریم

دین از آهنگ دراز عشق او کوتاه‌تر است
کافر عشق گشته‌ایم اما رسول‌الله‌تریم

۹۳

گرفت سیر نجوم برتری از سر کلاهم را
چه دارد جز کله‌برداری این چرخ کله‌بردار

شکست آرزو گردی هم از قصرم نبردارد
خراب آندم شوم کز دیدن خونم کنم انکار

به این اندیشه بیرون آمدم معمار دل باشم
ز خشت کیست می‌سازم دل ویرانه را دیوار

نگین خوش‌درخش عمرم از دست زمان گم شد
مگر یابد ورا گوهرشناس گردش دوار

به طبع خودگریز سرد من شمسی اگر تابد
چو خاموش آورم نی را به آوا از لب دستار

من از میخانه‌های مشرق و مغرب ننوشم می
که در ساغرگساری‌ها مرا ساقی خداوندگار

دو-سه‌صد شیوه رقصیدم، دو-سه‌صدگونه افتیدم
به دور خویش پیچیدم رسیدم تا به عرش یار

۹۴

شیون من نه از آن است که آشفته تنم
دردم این است که من در وطنم بی‌وطنم

سر اگر رفته هنوز باقی بُوَد نقش زبان
خون خود می‌نگرم خورده‌گره در سخنم

مادرم وسعت دریاست و من موج بلند
زاده‌اندم که سر از سقف ثریا فکنم

گر از این مجلس خوکان سلامت نروم
خواهم ای شعر تو باشی دم مردن کفنم

میهن آغوش من و جان من و روح من است
من نه پیدا شده‌ام تا دل از این جا بکنم

۹۵
پر شد انبار جهان از زوزه‌یی بیدادگر
بر نخیزد بانگ مستی از گلوی دادگر

اژدهای در حریم پارسایان می‌چرد
بر نیاید از غلافی تیغ هیچ ایرادگر

برق نور اندود ما با دود گندی کور شد
نیست در شام غریبی مشعل آزادگر

بستر دد گشته صحن خانقاه مولوی
دَور نان پیچیده تار همت ارشادگر

بر نتابد بازتاب ماهتاب شب فروز
صبح پرچم‌دار روشن‌زاده‌ی فریادگر

ریخت شهر آرزوهای هنرمندان ما
نیست دستی پر تلاش آدم بنیادگر

این امیرانی که می‌گویند ز درد مشترک
مشتری‌های زر اند با ظاهر امدادگر

تا نگردد مشت شان خالی ز اسباب مدد
کی شوند از مردم اندیشه‌ویران یادگر

۹۶

گفتی طاووسی جز از عالم بالا نچری
گفتی مثل تو ندیدست ثریا دگری

آری در ناله دمِ خوش‌تر از عیسا داری
مگر از جبر صلیب و غم عیسا چه بری

نغمه‌پرداز چمن قله‌نوردی نکند
با پر قمری نه در باور عنقا بپری

بلبلی بخت بغل‌گیری گل‌ها داری
لیکن هر نغمه سرایی دل دریا نبری

همره «باز» به بازی‌گه دیر آمده‌ای
ای کبوتر مگر از بازی دنیا خبری؟

نتوان با نگهی پرده‌ای اسرار درید
تا که دل را به بیابان تماشا نبری

عنکبوتانه به پستوی لفاظی نتنی
گر شبی از محل کوکب معنا گذری

۹۷
می‌تراشد کلک وحدت پیکرم
می‌چکد از چشم من مغز سرم

تا طبیعت را طبیبم کرده‌ام
می‌دهد صیقل خدای دیگرم

لاغر از تاخیر در مستی نباش
تاک یاری می‌دهد با ساغرم

تا که خونین نیست نرگس زنده نیست
زنده‌ام تا از دلم خون می‌خورم

آب پرکن ظرف عیش زاهدان
آن شراب جاودانی من خورم

۹۸
من چه در بی‌همزبانی ناله‌یی شب‌گیر کنم
گر نمی‌بینی چرا این رقص بی‌تاثیر کنم

طفل عشقم گریه‌هایم را نمی‌داند کسی
هرچی می‌گریاندم گویند تمنا شیر کنم

در نهادم چیز دیگر چیز دیگر دست من
هم‌زبانی کو که تا حرف دلم تحریر کنم

شوق دعوا داشتم با صنعت ناکار دهر
در دهانم چوشکی دادند تا تاخیر کنم

آمدم تا کشمکش‌ها با حریف شک کنم
بسته در گهواره کردندم در گل گیر کنم

تا فلک داد نوبت نالیدن و غوغای ما
این نفس ایستاد و گفت حالا سفر را پیر کنم

آه از این نااختیاری‌های عصر اختیار
هرکه می‌خواهد به میل چشم او تغییر کنم

آنقدر گوشم ز گفتار خودم آزرده است
کلک خود را برده‌ام تا خود یخن را چیر کنم

۹۹
مبادا دامن عشرت ز دست عاشقان کوتاه
نه هرگز مستی بلبل دوچار آفت پاییز

نباشد رنگ گلشن از گزند دشمنان آگاه
نگردد کاسه‌ای صبر شکفتن‌های گل لبریز

مبادا زورق دریادلان با ناکسان همره
نیفتد دولت رندان اسیر لشکر چنگیز

نسیمی می‌وزد از سوی کوی دلبران گه‌گاه
بهار آورده خون دل به نام لاله دست‌آویز

جدا عیش مدام مجلس ساغرکشان از آه
سحر بیگانه از شب‌های معنامند عشق‌انگیز

۱۰۰
من موج بی‌کرانه‌ی دریاستم مگر
کوه بلند و لانه‌ی عنقاستم مگر

ای صبر تلخ دامن ایراد من نگیر
من وسعت حواله‌ی صحراستم مگر

با من چرا مصلحت رنج عام و تام
من صاحب قباله‌ی دنیاستم مگر

ای بلبلان فرصت مستی کجا شدید
من قاتل شمامه‌ی گُل‌هاستم مگر

برگی که زود رفته در آغوش بادها
شطرنج کودکانه‌ی رنگ‌هاستم مگر

باری نبسته بست جوانی به روی من
پیر هزار ساله‌ی عقباستم مگر

۱۰۱
به تدبیری که من جُستم جهانی را نه جستن بِه
به تمکینی که من ریختم می خود را نه ریختن به

شدم پیمانه‌نوش و نوش‌کردم جام بی‌خویشی
دگر گَرد خمار از پیرهن ما را نه رُفتن به

الا ای پَرنگرپروانه تاخیر نیست در سوختن
از این بی‌کیفیت سوختن‌سوختن‌ها نه سوختن به

چه از چند روز دل‌بستن گسستم از چه دل‌های
به زنجیری که من بستم سر و پا را نه بستن به

قدم تا من در این هستی نهادم نیستی دیدم
چنین پژمرده باغ آرزوها را نه دیدن به

چه بی‌انصاف بودم در ترازو کردن تقدیر
نمی‌زیبد دگر بودن در این سودا نه بودن به

ز جوهرناشناسی‌ها زیانی دیده‌ام ای دل
که حرفش را به هرناگفته بسم‌الله نه گفتن به

۱۰۲
نقاش خلاق دهر دختری برایم هدیه کرد که نامش را "هما" گذارده و به خوش‌آمد او این سروده را پیش‌کش نمودم:

نازنینم ناز کن از ناز می‌ترسی، نترس
گر ز گیسوی رها و باز می‌ترسی نترس

پیش چشم باد کاکل شانه کن، زیبا برقص
از دهان یله‌ای مقراض می‌ترسی نترس

دخترم ای نامه‌یی ناخوانده‌یی دست اله
لب‌گشا از گفتن آن راز می‌ترسی نترس

جای خوبی نیست می‌دانم برای دختران
مثل هر دختر تو هم آغاز می‌ترسی نترس

خنده کن، چیزی بگو و زنگ مکتب را بزن
قلب کوچک داری از آواز می‌ترسی نترس

ای همای صخره‌های آروزهای محال
پر بزن پرواز کن پرواز، می‌ترسی؟ نترس

موج موهای تو زیبا کرده دریاخانه را
قُوی زیبایم چرا از باز می‌ترسی نترس

گرچه لرزان لانه‌ای داریم، طوفان شدید
باز عادت می‌کنی و باز می‌ترسی نترس

الفت پروانه در دل داده دختر را خدا
از چه ای موجود آتشباز می‌ترسی نترس

ترس در دل داری می‌دانم در آغاز سفر
زندگی زیباست در آغاز می‌ترسی نترس

۱۰۳

های پیراهن خوش پاییز من
ای بهار عمر برگ‌برگ ریز من

موسیقی‌پرداز شب‌های پدر
دختر زیبای عشق‌انگیز من

ای دو چشم تو مرا میخانه‌ها
کوزهی پر باده‌یی لب‌ریز من

نقش دستان نقاشان سپهر
تابلوی ماهتاب‌آویز من

جوهر قیمت‌بهای زندگی
گنج ویران خانه‌یی ناچیز من

ای تو شعر دفتر جانم، هلن!
قلب الهام بخش دل‌آویز من

علت پروانه‌گی‌های پدر
شمع شب‌های خیال‌انگیز من

۱۰۴

سرا سرا که سوز دلم را سراغ گیری
درا درا که درد و غمم را سراغ گیری

چه جای شکوه و شیون چه جای دریغ
شب‌آ شب‌آ که نبض تنم را سراغ گیری

در اوج غصه‌یی چشمم نگاه بستی، آه
بیا بیا که تا وطنم را سراغ گیری

گرهِ جان و تن از هم گسسته شد، باز آ
رها رها رها شدنم را سراغ گیری

چگونه دولت دل را سپردمت! نمی‌آیی
گدا گدا گدا شدنم را سراغ گیری

۱۰۵
جهان درگیر جنگ است و بشر در فکر درگیری
اگر آهن بپوشی هم در این درگیری می‌میری

به هرخاکی چکد خونی من از جان و دلم ریزم
چه فرقی می‌کند خون فلسطینی و پنجشیری

اگر دورم ز تو ای غزه باور کن که در قلبم
تماشا می‌کنم حال تو را هرلحظه تصویری

عکاس برتر سال این مدال دیگرت میمون!
چه عکس بهتری از کودکان مرده می‌گیری

تمام مردم دنیا به گردن کرده‌اند افسار
و افسار همه بر دست یکتا مست زنجیری

به خُل‌بوزینه‌یی کبریت دادند در دل جنگل
کند با جان صدها مرغک نولانه ساتیری [۲]

---

۲ ساتیری (ساعت‌تیری) اصطلاح عامیانه میان کودکان در زبان فارسی به مفهوم وقت‌خوش‌گذرانی.

۱۰۶

هستی نازیبا اگر زیباست نقاشش تویی
این‌که چشمان تو ناییناست نقاشش تویی

از هوا هم اندکی سهمی به آدم می‌رسد
جان آدم مرغ بی‌پرواست نقاشش تویی

بال آدم فکر و بال قمری از پَر ساخته
سمت چپ پرمی‌زنی یا راست نقاشش تویی

یک نظر هم سوی باغ لامکانی‌ها نما
آشیانت عالم بالاست نقاشش تویی

زندگی سرتاسر اوراق سپید بی‌خطی‌ست
قصه نابرجا یا برجاست نقاشش تویی

در گلویت فاخته‌یی کو می‌زند اما چقدر
آشنا گوش تو با آواست نقاشش تویی

در ته مغز تو پیکاسوی ماهر خفته و
تا کجا نقش تو بامعناست نقاشش تویی

بی‌کم‌وکاست نیست نقشی در نگارستان ما
یا لجن‌زاری و یا دریاست نقاشش تویی

«هرچه می‌خواهد دل تنگت» بیارا و بکش
در میان جانت «مولانا»ست نقاشش تویی

۱۰۷
چرا این کوچه‌ها از تابش مهتاب می‌ترسند
چرا این پُلچه‌ها از شرفه‌یی هر آب می‌ترسند

نگو از ژاله و طوفان و از گردباد شن‌آلود
که این ماهی‌گکان از خیزش سیلاب می‌ترسند

فریب است راحتی در دامن صحرای ناهموار
که آهوزادگان از لحظه‌های خواب می‌ترسند

چه آسیبی رسید مرغ غنامند سحرزا را
شباهنگان چرا از زوزه‌یی شب‌تاب می‌ترسند

عجب گیرمانده در گل زورق موج آشنای ما
چرا این نوحیان از گردش گرداب می‌ترسند

مگر اهریمن سالوس اسیر دست سهراب بود
که رستم باوران از مردن سهراب می‌ترسند

چسان آلوده گردید این شراب همت جمشید
ببین آتش‌گران از سردی سرداب می‌ترسند

۱۰۸
زندگی مار منقش گشته دورادور من
چشم آدم خیره می‌سازد برای نیش‌زدن

بوی زندان می‌دهد این‌جا دهان شاعران
جای امنی دارد هر مردی نمی‌گوید سخن

کاش می‌شد می‌پرید آدم ز ذهن خسته‌اش
کاش می‌شد می‌توانستی بگویی از وطن

آفتاب از هرجهت آید مرادش روشنی‌ست
شب ز هر پهلو که خیزد سایه می‌باید شدن

ای کبوتر از تو باشد شهر، جنگل مال ما
لانه‌یی می‌سازم از خس بر جبین کرگدن

جشن نوروز است اما نیست نوروز روز ما
این مصراع بداهه آمد و می‌خواستم بر احوال نوروز چیزی بنویسم که ناگهانی از گرده‌یی
آن چیز دیگری بیرون زد! بغض نداشتن فرصت تجلیل جشن نوروز شعر شاعری را که در
آن بایست برگ و بهار و شکوفه و قطره‌های زلال باران و آبشار وصف می‌شد به چنین
جفنگیاتی مدبل می‌سازد:
طنز نیست رمز است!

۱۰۹
ما الاغان زمانیم کیست پالان‌دوز ما
جای مقعد می‌رود از غار بینی گوز ما

خار صحرا می‌خوریم و بار بابا می‌بریم
از شتر هم رفته بالاتر حدود قوز ما

دشت تا دشت سبزه اما قسمت ما کاه خشک
می‌شقد روز دوصدبار بر سر گُه پوز ما

درج فرهنگ معین و دهخدا این واژه نیست
چیست آیا در لغت معناگک نوروز ما

بس سر ما نرخران سیاسی بالا می‌شوند
می‌توان دید از شگاف مقعد ما روز ما

در محیطی کز نوای ارغنون بیزاری است
کاش تاثیری کند این عنگ ناکمپوز ما

۱۱۰

غلط گویم اگر گویم که مومن یا مسلمانی
نه ابلیسی نه اهریمن شیاطین‌تر ز شیطانی

زدی لاف مسلمانی و دستاری به سر کردی
ولی در جاهلی جاهل‌تر از بوجهل می‌مانی

پر از پشمی و نیشی و دمادم می‌گزی ما را
چو دیوی در تلاش خوردن خون جوانانی

نه از خالق حیا داری نه از مخلوق او شرمی
خطا گویم اگر گویم تو مکتب‌دار قرآنی

کتاب حضرت پروردگار خوب و یکتا را
به ذوق میر و ارباب و ریس و خان می‌خوانی

۱۱۱

سینه ایران است پروردم میانش من دلی
هرکجا باشم به آن جا دارم آب و منزلی

ای گُل رَشتی بی‌افشان عطری از پیرهانت
از خراسان آمده بر دیدن تو بلبلی

این همه قصری که در خاک من آباد کرده‌ای
بر بگردان و بیاور باز آب و کاه‌گِلی

ما دو هم‌پرواز جنگل‌های آتش دیده‌ایم
از تو تهران سوخته اما سوخته از من کابلی

از شمالی بوی سنجد را ببر سوی شمال
ای نسیم شوخ چشم مشک‌وزان کاکلی

اشک ما از چشم هم می‌ریزد و ابر همیم
لاله‌یی بلخی گریبان کرده شیرازی گلی

۱۱۲

می‌گریزی از من و هرگاه می‌جویم تو را
در زمین و آسمان در ماه می‌جویم تو را

شب میان درد بی‌فرجام می‌میرم ولی
صبح از باد شدید آه می‌جویم تو را

روح سرگردان من داند، جسم خسته‌ام
چون شهاب ابلهی گم‌راه می‌جویم تو را

خاک می‌بویم مگر بوی نشانت را دهد
از شمیم گرد خاک راه می‌جویم تو را

می‌سپارم تن به دریا لب بر لب‌های موج
مثل یک غواص بی‌همراه می‌جویم تو را

می‌رسم تا امتداد راه شیری کهکشان
از لب مخوف‌ترین پرتگاه می‌جویم تو را

وقتی می‌افتم ز چشمت در زمین حسرتم
در ته تاریک سرد چاه می‌جویم تو را

۱۱۳

از فلسفه جز خامی چیزی دگری کو او
جز بی‌سرانجامی چیزی دگری کو او

آن آدم چشمت را لنگ سفرش سازد
شب را جز از شامی چیزی دگری کو او

دیگش نپزد خامت، گرگش نشود رامت
خون بشرآشامی چیزی دگری کو او

در بادیه‌یی فکری فکر فرو کو، جز
می‌فهمی نمی‌فهمی چیزی دگری کو او

این تله‌یی آدم‌خوار دام هوس ابلیس
از دام جز از دامی چیزی دگری کو او

۱۱۴

لانه‌یی در چشم آزادی ز شبنم بافتم
سینمای اشک از طوفان چشمم ساختم

عنکبوت فطرتم تاری ز عمرم وام کرد
گردن خود بر طناب دار محکم بافتم

تا به آب دیده شستم دامن اندیشه را
خانه‌یی ذوق تکاپو خالی از غم یافتم

بوی خورشید می‌دهد دست دماغ روشنم
راه آتش روشن از برق دماغم ساختم

با دل پر در قمار پخته‌مغزان می‌نشست
داشتم غیر دل هرچیزی به دستم باختم

از گلی ما را سر و صورت بداند و دلی
باده در ساغر نمودم تا دل آدم ساختم

۱۱۵

خر از این‌که بار مردم می‌برد خر می‌شود
هرچه خرتر می‌شوی بارت گران‌تر می‌شود

خون خورشید ریخت اما ماهتابی برنخاست
تا بمیرد روشنی، ظلمت جوان‌تر می‌شود

آن‌که حق گوید زبانش را ز کام آرند برون
گر دهان خود گرو سازد سخنور می‌شود

سنگ گویند دایما با پای لنگ دارد نظر
در محیط مستمندان دزد داور می‌شود

قاضیان دزدان قانونی شهر ما شدند
حال دزد در بستر قانون بهتر می‌شود

دزد می‌دزدد ز دزد و دزد می‌نالد ز دزد
اهریمن پیغمبر قوم سبک‌سر می‌شود

دزد نباشی کی تو را آدم شمارند ناکسان
هرکی بیش از دیگری دزدید رهبر می‌شود

۱۱۶

سرم را ساغر و دل را شراب ناب می‌سازم
گلوی تشنه را از خون دل سیرآب می‌سازم

چرا چشم‌انتظار ابر باشم در کویر خشک
برای زورق اندیشه از چشم آب می‌سازم

خودم را تا به دیوار بلند حق بیاوزیم
به تصویر نفس قلب طلا را قاب می‌سازم

ز بس می‌جوشد از عمق نهادم بی‌خودی‌کردن
سراپا خویشتن پیش قدم گرداب می‌سازم

نه از مستی مرا بیم عناد و کفر و دین آید
مسیر دیگری را می‌روم سیلاب می‌سازم

ستار زندگی بد می‌نوازد پنجه‌یی قانون
من از کلک جنونم نغمه‌یی نایاب می‌سازم

فراتر می‌گذارم از مدار سرنوشتم پا
هنر در آسمان تیره‌ای مهتاب می‌سازم

۱۱۷

اسیر پنجه‌یی خاکم ز سنگ راه جدا دارم
گلیم گرمی خورشید در پایین پا دارم

گهی گُل رویم و گاهی بیارایم تن آدم
در آستین تکاپو کلک نقاش خدا دارم

گهی خشتی شوم تا عافیت‌کار بشر باشم
گهی طوفان تندی می‌شوم کار بلا دارم

به گرد خویش می‌پیچم اگر بادی زند دستم
اگر معماری دستم می‌زند شوق بنا دارم

ز هرگردی که از من می‌برد باد سحرگاهی
به هرجا می‌رسم رسم محبت را ادا دارم

به دور آفتاب چرخیدم و ترک زمین گفتم
ولی هرگز نه خوی خاک‌ساری‌ها رها کردم

۱۱۸

من آن آهویی بی‌همراه صحرای وطن استم
جز از شیر و پلنگ و یوزه در کابل نمی‌بینم

نگاهم را نبر دریا که بازوی شنایم نیست
شنا در اشک خود کردم ولی ساحل نمی‌بینم

الا ای بره‌یی رام سرشتم آی و وحشی شو
برایت بعد این در باورم آغُل نمی‌بینم

درخت سبز من آیا چه طوفانی رفقیت شد
که غیر زاغ در شاخ شما بلبل نمی‌بینم

نگاهم را کسی آن‌سوی دریا برده اما من
به هرسو می‌تپم سویی به آن‌سو پل نمی‌بینم

بپر پروانه‌یی روح من از اجسام آدم‌ها
دگر در باغ آغوش کسی من گُل نمی‌بینم

۱۱۹

نیست شهری تا برقصم مردمانش کف زنند
نیست جایی تا بخوانم دخترانش دف زنند

کوچه‌ها جای پی انسان ندارند، رفته‌ام
تا تکانی می‌خوری فوری سگانش عف زنند

نیست بازاری که ارزان باشد آن جا چوب دار
هرکسی تاری ببافد بر دوکانش تُف زنند

تار دوستی‌ها چه خام و راه راستی‌ها چه دور
عنکبوتان می‌خزند و کرمکانش هف زنند

در گلو خشکیده این‌جا رودباران سخن
بی‌زبانی‌ها فواران، شاعرانش لف زنند

۱۲۰

شنا در اشک کردم ساحت ساحل نمی‌بینم
در این دریانوردی غیر دل عاقل نمی‌بینم

غم بی‌چشمی این ماهیان خسته را دارم
که مشکل‌تر ز کوری‌ها دگر مشکل نمی‌بینم

غمم چشم سر و ظاهرنمایی‌های آدم نیست
پریشانم اگر روزی جهان با دل نمی‌بینم

جز از درد ندیدن درد بی‌درمان دیگر کو
لجام آفتاب گم‌کرده‌ام منزل نمی‌بینم

کجا ره می‌برد این کاروان توشه پوشالی
شتربانا شتر می‌بینم و محمل نمی‌بینم

۱۲۱

ماکجاییم که جهان نیست حضورش این‌جا
نشده‌ست هیچ خداوندی عبورش این‌جا

آدمی بود و دگر نیست نشانی ز پی‌اش
کی کجا دیده ورا بعد ظهورش این‌جا

مثل گندم به گناه لمس گندم سوختیم
آسیابش که ندیدیم و تنورش این‌جا

نسل گِل با وزش باد به باد رفت که رفت
نه خرد مانده از آن و نی شعورش این‌جا

دایناسوری‌ست بشر گم‌شده‌یی روی زمین
استخوانی که به بادرفته قبورش این‌جا

ذهن انسان ترازوی توازن‌شده نیست
پنبه و سنگ یکی بوده وفورش این‌جا

۱۲۲
در این جنگل که انبوه درختان دشمن نور است
به آن‌سو می‌رسم آخر اگرچه راه من دور است

افق‌های جدیدی پیش رو داری هنوز ای قُو
قَوی‌تر شو قُو از کُه‌نوردی‌هاش مشهور است

نلرز ای یل که روز کارزار یاران رهات کردند
که تا مزد است، دنیا جای آدم‌های مزدور است

اگر خاکسترت را باد بی‌هنگامی با خود برد
نمی‌گردد گم آن خاکی ز آتش‌گاه منصور است

نگاهی کن که از چین جبین‌ات شعر تر گیرم
خموشی هم شبیه ناله محتاج نی و صور است

حریف ناجوان‌مردم به دست خالی‌ام ننگر
زبان شاعر آهن نیست اما شعر ساطور است

۱۲۳

دلش دریا و چشمش می‌نماید آفتابی را
زهم می‌پاشه با نیمی نگاه سنگ شهابی را

چو تار مو سیه می‌سازد او عمر دراز من
چنان رقاصه می‌رقصانه آوازش ربابی را

پر از معنی بود خط‌های نستعلیق ابرویش
توگویی از رخش می‌خوانی اوراق کتابی را

لبش رودخانه‌یی دور و دراز و بی‌سرانجامی
پر از زخم می‌کند راه درازش پای آبی را

کجا دیدی قفس‌بشکسته‌مرغی رفته از دامی
فرو گرداند او در سینه‌اش سیخ کبابی را

خودش رودی که سونامی رد پایش نمی‌یابد
به آب چشم من چرخاند اما آسیابی را

۱۲۴

چه چون آینه حیرانِ زهم‌پاشیدن خویش است
چه دشوارتر از گَرد بیابان چیدن خویش است

ز سقف ریخته‌یی کاشانه‌ها غم می‌چکد هرشب
ولی باران مصروف شتاب باریدن خویش است

رهایی شد نصیب آدم اما او چرا هردم
کبوترواره در فکر به دام‌آوردن خویش است

کبوتر شد که تا یابد رهایی از قفس خویی
رهایی رفت از یادش رها از بودن خویش است

کنون چون مرغ دست‌آموزی با تار خیال خام
قفس می‌بافد و در باور پروردن خویش است

نوا می‌پروراند در گلو گنجشک بی‌منقار
چو بی‌لب دختری در کوشش بوسیدن خویش است

در این کوهی پسِ هر سنگ دیوی مست خوابیده
سلامت بودن ما در هیولاکردن خویش است

سوالی کردی از من چیست مشکل؟ زار می‌گریم!
میان جمعیت مشکل، تنهادیدن خویش است

چرا چیزی قشنگی غیر جنگ این جا نمی‌بینم
اگر می‌بینیم آن در بستر غم مردن خویش است

سرودم شعر فریادی شد و آخر سرم را خورد
چه بهتر در قمار ناله ازدست‌دادن خویش است

۱۲۵
ذات افرنگ را خدای دیگر است
آن خدا را ذات سنگ مرمر است

قابل صیقل ولی بی‌جان بود
این عجیب بی‌جان خدای جان بود

بنده را باید خدا صیقل دهد
نی خدا را بنده‌یی صیقل کند

بنده‌یی بت‌های دست خود شدی
از خودی بگذشتی و بی‌خود شدی

سنگ اگر قادر بود بر نظم خویش
کار معار چیست و این جهد بیش

گر ز سنگی آرزو داری کرم
منجمد مانی چو سنگی لاجرم

من گریزانم ز فیض ذات سنگ
کی‌شوم من بنده‌یی هر بند سنگ

می‌پرستم من بت دستان دوست
هرچه از دوست آید آرایش نکوست

جهل سنگ است و همی ما سنگ‌تراش
می‌تراشیم صورت بس دل‌خراش

۱۲۶

تو گردن نهادی به پیش خدای
جهان شد تو را پاس‌دار و گدای

چو آتش به اهریمنان بر زدی
خس و خار این خانه را سر زدی

درفشی به دست و کمانی بدوش
چو سیلابِ تند و سراپا خروش

به هرجا که چشمم نظر می‌نمود
عقاب زرنگ تو پر می‌کشود

چو از تیره‌گی‌ها تو آگه شدی
به شبهای بیچارهگان مَه شدی

خدایان سالوس خاور زمین
نشستند چو دیوی تو را درکمین

که شاخ جوانی تو را بشکنند
به باغ و گلستانت آتش زنند

مگر با تو لطف خدا بود و مهر
خدا داده را کی کند کم سپهر

فقط یک خراش است مرا در جگر
که یاران بی‌مایه داشتی به بر

پلید اژدها و دیوهای زشت
بِه از دوستان دشمن سرشت

شاه گم‌شدهٔ شطرنج

همه مدعای که یار تو اند
رفیقان آیینه‌وار تو اند

رفیقان همه دشمنانت شدند
فروشنده‌یی آرمانت شدند

حزف‌ها گهر شد به آبت ولی
نسوزد به آینده‌گانت دلی

پس از تو سیه‌شد چراغ وطن
به تن کرده پیر و جوانش کفن

تو رفتی و کجکن دل آزرده‌شد
بدخشان یتیم و جگرپاره شد

نه سنگی صبوری تحمل کند
خدنگی که در سینه کابل خورد

ننوشد لب تاک پروان آب
ندارد دگر خوشه‌هایش شراب

به‌خون می‌تپد درغمت قندهار
هرات گریه‌ها می‌کند تا مزار

چو دریای هیرمند اشک تخار
فراه زخمی و غزنه بر زیر دار

غم بامیان را ندارد کسی
چه داند ز درد هما کرکسی

سمنگان سرخویش به‌سنگ می‌زند
چه دهلی نهیبی که جنگ می‌زند

دریغا و دردا از این سادگی
ز شاهی رسیدم به این برده‌گی

نه وجدان بیدار و نی آبرو
نه آزادی در سر نه یک آرزو

دوکان‌دار ایمان خود گشته‌ایم
فروشنده‌یی جان خود گشته‌ایم

سخن گفته‌گفته شدم سینه‌سوز
یکی درد میهن نگفتم هنوز

خدایا! دَر مهر خود را نبند
نه‌زیبد خراسان‌ما را گزند

طبیب تن و روح مجروح ما
نظر کن ز لطفی به اندوه ما

تو مسعود ثانی بیاور برون
که شمع عدالت فروزد کنون

۱۲۷
چه گویم چه شد با زمین خدا
چه آمد سر این کهن‌خاک ما

زمینی به پهنای هفت آسمان
مکان اهورا و زردشتیان

دلاویز و خرم، فراخ و فرخ
جنان‌روی سرسبز فرخنده‌رخ

پر از آهوان دشت و صحرای آن
به هر پهنه‌اش جوی‌باری روان

زمردنگینی به انگشترش
پسر رستم و تهمینه دخترش

غباری ز صحرای گرم عرب
چو گردباد ویران‌گر بی‌ادب

بخاست و بشد سوی ایرانیان
به دنبال همی خار و خس راکشان

ز بس دیده بر دیدنش بسته بود
ترحم ز یادش همی رفته بود

عرب را به عزم عجم می‌گریخت
چو دیوی که زنجیر پا را گسیخت

نه بیمش ز اسکندر و آرشی
نه می‌سوزد از شعله‌یی آتشی

خدا را همی زیر لب نغمه داشت
تبر را از این چوب‌تر دسته داشت

کلامش کلام خدا و رسول
ولی نیت‌اش نیت گرگ تول

بسی لشکرش پر ز تاثیر شده
تو گویی که ابری زمین‌گیر شده

در اندیشه داشت آرزوی دگر
خراسانیان را به زیر نظر

که جاری کند رود خونی از آن
بیاندازد از پا خراسانیان

بنوشد شرابش بپاشد جماش
به خاک افکند خاده‌یی پرچماش

زند نیش و زهری فرو ریزدش
بمیراند و از میان چیندش

کند کاخ تاریخ آن را تباه
کتابش بسوزد، چراغش سیاه

چو بر ملک پاک خراسان رسید
چو گاوی ز هر باغ و بستان چرید

همی باغ‌داران به زولانه بست
ثمر خورد و شاخ درختش شکست

هوا را غبار و سیاهی فزود
بیالود فضا را ز گرد و ز دود

یکی مرد میدان آیین عشق
سپهبدیلی و گریزان ز فسق

خراسانی‌زاد و تبار آریا
کشید از نیام تیغ آزادی را

به پارسی‌نژادان چراغ امید
شب تیره را صبح دامن‌سپید

کمر بست و مستانه هنگامه کرد
رها مرغ خوف دل از لانه کرد

کشود بال دیوانگی از دو سو
گرفت با شراب شجاعت وضو

فرو برد ز هستی تمنای خویش
تن آرزوهای خود زد به نیش

ز فرزند و مال و زر و سیم برید
لباس زرین طمع را درید

فشرد او گلوی کلفت هوس
چو عنقا که گیرد به چنگش مگس

برون آمد از خانه شد سوی دشت
چنان تند که سنگ زیر پا می‌شکست

کمانش ز فولاد و تیرش ز پر
بر و دوش وی پر ز تیغ و سپر

نبودش هراس هیولای بد
نه ترسش ز هر شرفه‌یی دیو و دد

خراسان ورا سرزمین پدر
نیایش همه پهلوان پخته‌سر

خرد خوشه‌یی تاک اندیشه‌اش
برون گشته از آفتاب ریشه‌اش

فرادست و فربه‌روان و عیار
فروتن‌ترین مرد چابک‌سوار

دلش خانه‌یی مردم و ملتش
زبانش سلاح و هنر ثروتش

روان و دوان سوی میدان جنگ
که گیرد حق آهو از چنگ پلنگ

کمر بست و شمشیر خود را گرفت
ز هیبت نمود آسمان را شگفت

چو آذرخش آتش‌دهان شدید
غضب از سر و جسم و جانش دمید

صدا زد که ای هم‌دیاران من
رفیقان هم‌کیش و هم‌خوان من

بیایید که میدان میدان ماست
کنون روز آزمون ایمان ماست

ددی کرده پهن سوی ما دامنش
که بردارد از خاک ما خرمنش

نه رحمی به دل نی حیایی به سر
نه او را چراغی ز دانش به بر

دهن پر ز خون و تبر زیر دوش
ببرد سر و دست و بینی و گوش

شنیدند همه حرف او را ولی
نبستند کمر را و هم محملی

جگر خون شد و سینه طوفان گرفت
به تنهایی راه بیابان گرفت

روان شد به جنگ دد و اهریمن
سوی لانه‌یی گرگ خونین‌دهن

دل خون و دست تهی پای لنگ
مسیرش دراز و رهش پر سنگ

پی رخش آزادی هرسو دوان
رهایی دهد حومه را از خران

غمش درد اندیشه‌های اسیر
پریشانی‌اش میهن گشته‌گیر

نه یاری به بر نی شریکی به بر
نه همراه راه و نه یار سفر

ورا دیو ویران‌گری در کمین
سرش در هوا و دمش در زمین

لبانش پر از خون خلق خدا
دو چشمش سوی مردم بی‌نوا

سپهبد چو از راه وی می‌گذشت
به گوش بلاشرفه پایش نشست

به هر فرصتی سوی ده می‌دوید
به هر روبه‌رو می‌شد و می‌درید

بلا سر بلند کرد و حیرت نمود
کی باشد چنین سویش همت نمود

چو دید آن یل گردن‌افراز مست
همی می‌زد ز خشم دست خود روی دست

ز جا خاست و عزم دریدن نمود
دهان را گشود آتشی برفزود

شتابید و چنگی زدش محکمی
برید و خراشیدش از تن همی

فتاد ناگهی یل به چنگ بلا
نه باور به خود داشت نه شرم از خدا

غریب دست‌وپایش بهم بسته بود
توانش تمام از بدن رفته بود

بلا گفت که چشمت برون آورم
تو می‌دانی من دیو زورآورم

به گرد جهان تا هنوز آدمی
نه افکنده بر خاک مرا یک دمی

چه پنداشته‌ای آمدی سوی من
نبینی مگر سوی بازوی من

سپهبد پی راه و اندیشه شد
به دنبال آسان‌ترین چاره شد

همی ناله‌ها را سرودن گرفت
دو پای بلا را مکیدن گرفت

به چنگال برآورد گرد و غبار
بپاشید به چشمان آن سوس‌مار

ببستش طناب و به دارش کشید
دهانش گشاد و زبانش برید

همی خنده‌یی کرد و گفتا غرور
بگو چشم کی گشته اکنون کور

قدیمان سخن این چنین گفته‌اند
خود آرام به زیر زمین خفته‌اند

به در کوفتن کس نرجانی انگشت
زنند روزی دروازه‌ات را به مشت

نکو باش نکوش دیو بدرو شوی
نپندار که انسان گرگ‌خو شوی

۱۲۸

فروش خویش و آزدگی رو بخر
یکی جان بده و دوصد جان ببر

زمان آن کسی را دهد سروری
که بر کرده‌ای خود کند داوری

تو گر خواهی خورشید عالم شوی
بکوش تا کمی مثل آدم شوی

جهان می‌پذیرد جهان دیده را
جدا سازد از شسته آلوده را

برو کار خود روبرا کن که دهر
چشاند به بیهودگان جام زهر

برون کن ز تن گرگ خون‌خوار خود
بگیر خود ز دست خود افسار خود

تو را داده اندیشه پروردگار
که سازی تو آسان به خود کار و بار

اگر با خدا دست دوستی دهی
خرد را تو با دیده آشتی دهی

نبینی در عالم به جز راه راست
به هرجا روی خالقت ره‌نماست

نیفتی به گودال افسردگی
چراغان شود جاده‌ی زندگی

رسد نور شهرت تو را تا فلک
غلامت شود جلمه قوم ملک

هر آنکس بدی می‌کند با خدا
نگردد ز دیو بد تن جدا

بدی دیو مستی تو را در بدن
تمیز کرد بدن باید از ظلمنن

سخن گفته گفته شدم سینه سوز
یکی راز هستی نگفتم هنوز

برو دیو جان را تو جانش بگیر
تو یا دیو بمیران و یا خود بمیر

اگر گردی از دیو جانت رها
شوی آفتاب و روی تا بقا

۱۲۹
خرد خواستی خردمند بجوی
که یابی تمنای خود را ازوی

نشیمن شوی ار به اهل سخن
چو شمعی فروغی به هر انجمن

ز آراستن چهره‌یی جان چه خوش
چه خوش‌تر از این رونق ناخمش

زمین ناز مردان صادق کشد
چو معشوقه‌ای ناز عاشق کشد

زمین پرورد هرچه ریزی به اوی
تو آن ریز که ریزد همی رنگ و بوی

بد اندیشه فرزانه را بد کند
غزال زاده‌ای را همی دد کند

گریبان فرزانه‌گی پاره کرد
هر آن‌کس که اندیشه آواره کرد

کسی را که ایمان دهد لایزال
شکوهش نگیرد قرار در زوال

نه او را تمنای سیم و زری
نه بیم‌اش ز بیداد اسکندری

چو دریا خروشنده زیبایی‌اش
کران تا کران‌ها شکیبایی‌اش

کسی را نباشد غم میهن‌اش
نمی‌ارزد او را سرش بر تنش

کجا مرد دانا فروشد وطن
کجا کژ کند ره ز راه وطن

نه همت بماند نه عزت در آن
چو شهری بیفتد به‌دست خران

پریشان و بی‌برگ و بی‌دانه است
درختی که با ریشه بیگانه است

۱۳۰
گاه ساقی گاه مرشد گاه مست
تا بگویم شرح حال نایی دشت

جان در لب خون در کف آشکار
آنچه می‌گویم که گوید کردگار

همدم و بازوی مولانا شدم
قطره‌یی از جود آن دریا شدم

بلخ در دل روم در چشم ترم
گشته گم در بحر مولا گوهرم

جست‌وجو دارم جیحون صدف
نیست جز دیدار مولایم هدف

مدتی شد من در این تیما روم
گشته گم بودم کنون پیدا روم

ساقیان عرش آوردند به من
جرعه‌یی ناب می تابوشکن

زین سبب بت‌ها شکستم هو به هو
بسته کردم حلقه‌یی دار گلو

رحمت حق خاک من گویا نمود
با زبانم صحبت آن اولاء نمود

زنگ رخ کندم چنین زیبا شدم
قطره بودم بحر ناپیدا شدم

نور بخشید روشنم کرد جاودان
شب گریزان شد چو روز آمد میان

شست قلبم با شراب نور حق
از تموز آفتاب دادم سبق

مولوی آن ناخدا من کشتی‌ای
آشنا با بحر و با هر خشکی‌ای

مولوی دریا و من دریانورد
لشکرم با لشکر یم در نبرد

مورچه‌یی شد از پی رخشی دوان
طفل نوپا در پی پیری روان

نیم جانم در کف منصور بود
آنچه او می‌گفت مرا منظور بود

نیم دیگر دست مولانای روم
چرخ می‌خوردم به اطراف نجوم

هفت دریا بر سرم جاری نمود
تا شدم شایسته‌یی شهد شهود

مرغ وجدانم چرید از ملک حی
آشیان کردم به شاخستان نی

اقراء گفتم بِسم رَبِک الذی
گویی آتش در دل و جانم زدی

نغمه‌خوان مردم صحرا شدم
بند بند از بند دنیا وا شدم

عَلم‌السماء خواندم دم به دم
لو لو و مرجان دیدم هر قدم

بحر گاهی تند و طوفانی شود
زورق جوینده بحرانی شود

شد هزاران زورقی در جست‌وجو
تا بیابد گوهری از بحر او

موج تند و ناخدا کند و ملال
کی دهد کشتی‌نشینان را مجال

اندکی کشتی به موج نزدیک کرد
لیک موجش را گذر مردی نکرد

عده‌یی هم در تماشا اکتفا
نوح بایست بحر او را ناخدا

چون میسر نیست از بحری گذر
کوزهی گیر و به خویش آبی ببر

چون نمی‌گنجد میان کوزه بحر
کوزه‌ها باید آراست سر به سر

مولوی بحر است و مایان کوزه‌ای
کوزه را داد کوزه‌گر اندازه‌ای

هرکی را بسیار شد این کوزه‌ها
شد ز دام تشنه‌کامی‌ها رها

گونه‌ها دارد فراوان تشنه‌گی
هر یکی با هر یکی کرد زندگی

تشنه‌یی علم و هنرها و کمال
تشنه‌یی سیم و زر و جای و جلال

تشنه‌یی خون و خطا و خواب و خور
تشنه‌ی دنیای دون و داد و دُر

تشنه‌یی عشق و صفا و لطف و مهر
تشنه‌یی گنج و گجور و تاخ و سِحر

هرکی بهر هرچه باشد تشنه‌کام
می‌رسد آخر ورا کامش به کام

آن یکی نوشد ز دریایی هنر
دیگری غرق خطا و سیم و زر

آن که سیم و زر به گردن می‌نهد
گردنش را بر بریدن می‌دهد

آن‌که عشق و مهر می‌نوشد همیش
برده تا افلاک پای نام خویش

هرکی زهر خودسری را سرکشد
بر گلویش خویش خنجر می‌کشد

هردو در نقش خدا روی زمین
«عروة الوثقی» به چنگ مسلمین

تا به بازار حیاتت آورند
گبر و ترسا و مسلمانت خرند

نگسل از بندبگلسی‌های وجود
نفشر آهنگ گلوی مست رود

هرکی را چشمی بود در حفر جان
بیند او این مسجد و این یسجدان

«خَلَق النسانَ» از خاک پلید
این پلیدی را چرا پاک آفرید

پای عقل آدمی در گِل نشست
زورق اندیشه را این گل شکست

شد پدید خاک و دمید در پیکری
پیکر خود را درید تا آدمی

نوکر خاک شد آتش آن به بعد
گرچه او را تابع فرمان نکرد

خاک شو پیش قدم‌های جهان
نوکرت گردد همی آتش‌فشان

خاک معبد گشت و آتش سجده‌گر
آتش خود شد نبرد فرمان اگر

هرچه آتش در نظر سوزنده است
آن درون خود همی کوبنده است

سِر این اسرار سرسام‌آور است
روی دریا خاش قعرش گوهرست

گر تو خواهی بشنوی رازی ز نی
گوش خود بی‌خود بنه در نای حی

پر خرمدان خودی از بی‌خودی‌ست
هرکی بی‌خود نیست بنیادش تهی‌ست

تا نباشی نی‌نواز یا نی‌شناس
کی تو دانی قدر این گنجیه پاس

نی هواخواه هوای حی بود
نی‌نوازش هرکی خواهد وی شود

مولوی نی شد درون خود درید
نی‌نواز سر نهان در وی دمید

هم‌زبان نی بشد سازش کشید
پرده‌های اهتزازاتش را درید

تا جهان از سوز او سوزان شود
سوز او ساز سحرخیزان شود

نَی چو صافی گردد از غشِ درون
آید از وی ناله‌های حی برون

کوه اگر این ناله از وی بشنود
پاره گردد ذره گردد بشکند

سوز نی خشمی به بر دارد بلند
است دارو گرچه دارد صدگزند

می‌کند بر سنگ بی‌جان هم اثر
کو جانی نیست از جانان خبر

گر تو از سوز نیستان بی‌غمی
بی‌گمان از سنگ بی‌جان هم کمی

یعْلَمُ مَا بَینَ أَیدِیهِمْ وَمَا
خَلْفَهُمْ گوید دمادم نی‌نوا

داند او انجام را از ابتدا
ابتدا را پیش انجام بقا

هرچه افلاطون افلاکی ولی
ترک صحرا کرده‌یی نیست‌ت دلی

تا نسوزد سینه‌ات را سوزها
تا نسازد قامتت آتش رسا

نگذری تا از ره صحرای دور
نشنوی تا ناله‌یی سنگ صبور

کی رسد در گوش تو آواز حی
گرچه نالد روز و شب استاذ نی

گرچه منبر را منور کرده‌ای
خویشتن بر خلق داور کرده‌ای

در طواف کعبه عمری بوده‌ای
کاسه‌های آب زمزم خورده‌ای

نیست چشمت را توان دید وی
تا نیندازد ز پایت سوز نی

مولوی با نی نوایش شد بلند
رفت تا بلخ و بخارا و خجند

رفت اما نِی سیاحت کردنی
داشت در نَی گفتنی‌ها گفتنی

نِی پیامش شرح حال راه بود
او ز اسرار خودی آگاه بود

گشته بود او آشنای را رسول
کرده بود این جان‌فشانی‌ها قبول

نِی به پای خود رود این نامه‌بر
مرغ جانان جان او را داده پر

احمد از سوی خدا پیغمبر است
مولوی پیغمبر پیغمبر است

هر کسی از مولوی نوشد سبو
خورده جامی از شراب یَشفعُ

این می از می‌های تاکستان جدا
تاک او روییده از آب بقا

زنده را از مرده بیرون می‌کند
مرده را از زنده بیرون می‌کند

فَالِقُ الْحَبِّ وَ النَّوىٰ يُخْرِجُ
الْحَيَّ مِنَ الْمَيِّتِ وَ مُخْرِجُ

يُفسِدُ فِيهَا وَيَسفِك، يَفْقَهُونَ
سرخ گردد رنگ دنیا مثل خون

چیست این راز نهان سر نهان
از چه باید فتنه آید در جهان

نقد کردش تا ملائک چند و چون
قَالَ إِنّي أَعْلَمُ مَا لَا تَعْلَمُون

راز راهش چون هنر بی‌انتها
این هنر را هم هنرمندش خدا

کس نداند راز نی جز نی‌نوا
آن دم عشق است نه پنداری هوا

نیست آهنگ گرچه آهنگین بود
شاد می‌سازد ولی غمگین بود

عشق آورد عاشقان را در گداز
نی کجا بود تا نمی‌بود نی‌نواز

گوش دل بگشا شنو این ارغنون
دور ساز اشک و بریز از دیده خون

گر نگردی خالی از حجم حشا
نفشرد نفس تو را آن نی‌نوا

دور از میهن شو و از تن جدا
تا جدایی‌ها تو را سازد صدا

بند بند از بند جدا کن خویشتن
خالی شو چون گنبدی از ضعف من

آ برون از پرده‌های گنگ‌نما
از چَهی اندیشه‌یی خویشت برآ

بی‌ندا و بی‌صدا بودی خموش
تا جدایی دیده‌یی گشتی سروش

ره زنی کشور به کشور دشت دشت
هرکجا گوشی بود جای تو است

بشنود ماهی صدای پای تو
بنگرد دریا خروش نای تو

پله پله سو به سو سوی سما
چشم در چشم بال در بال هما

گم چو گشتی در ورای آسمان
آفتاب آیی به چشم این و آن

باربندی بگذری از سیر هوش
خیزد از دریایی بی‌هوشی خروش

راز مستی را ز مستان بشنوی
بی‌خودی از بی‌خودستان بشنوی

از نسیم پرسی نسیم زلف یار
شانه سازی خویش را در انتظار

امر حق از بی‌حقی آمد پدید
ظلم او از ظالمی‌ها شد شدید

دیو زندان درون کردیم رها
خود دریدیم و دریدیم خویش را

شهر وجدان را به آتش داد نفس
برد بیداری ابد در بند حبس

این چنین شد نفس ما گرگی‌دهن
پاره کرد از جان صاحب پیرهن

ذات موسای درون را کشته‌ایم
دست فرعونی به خون آغشته‌ایم

هرکی در خود نفس موسا پرورد
موسی‌اش تا ملک مولایش برد

چون کسی پرورده فرعون درون
غرق گردد عاقبت در نیل خون

هر یکی نیلی به بر دارد روان
عده‌یی موسا، دگر فرعونیان

آن‌که از نیل‌اش گذر آسان کند
از «سراط المستقیم» جولان کند

آن دگر چون تاخت تازین غرور
کی تواند نیل بحران را عبور

اندرین ره ره‌نما می‌بایدت
حکمت اسرارنما می‌بایدت

ناخدا مولا و ما کشتی‌نشین
ما مسافر مولوی منزل‌گزین

تا به نور لااله وصلت کنی
پیش از آنی از جهان رحلت کنی

سینه‌ات را نور گردد گر مکان
تابی و طور دیگر بینی جهان

مولوی خرشاد و ما خرشادیان
هر جهت بینی ببینیدش عیان

این عیان بینی بصیرت را نشان
این نشان بی‌نشان باشد نشان

کوه دل پیما و بنشین انتظار
تا بیابی جلوه‌یی پروردگار

آن طلوع صبح امیداست تو را
زندگی زان پس همه عیداست تو را

هرکجا هم‌وار بینی سفره‌ها
میزبانت جمله مردان خدا

کم نیاید روزگاران تو پس
گِل نسازد آن زلالت را هوس

سنگ احساست کند ای رهگذر
خاک از ساییدنت آرد حذر

بحر حیران قد موجت شود
کوه پاشان از طلسماتت شود

آسمان گردد تو را چتر فراخ
اختران در محفلت سوزند چراغ

میهنت دیگر نباشد در زمین
ماه و پروین در حضورت راکعین

رود و دریا را به فرمان آوری
بر دُر و گوهر نمایی داوری

جبرئیل گردد مطیع و حامدت
قمریان عرش باشد قاصدت

تاج کرمنا نهندت حور و حُر
کوزه‌ها جوهر شود نزد تو پر

جوهر جود و شهود و علم حال
فطرت انسانی‌ات گردد فعال

گرچه ظاهر باشدت مثل بشر
مسندت صدر کرامات الهنر

فارغ از طبع و سر الهام شوی
خود سراسر منبع الهام شوی

از تو بعد از این رود با دیگران
از پی‌ات گردد روان صد کاروان

مولوی‌وار مثنوی‌ها رویدت
شرق و غربش ناشکیبا پویدت

خانه‌ات میخانه‌های دل شود
هرکجا نامت فتد محفل شود

جسم و تن را اندر اندازی به خاک
جسم تو در خاک و روحت در سماک

روح گردد پیکر و جان تو جسم
جسم تو روحی بود روح تو جسم

تو سراپا روح باشی بی‌جسد
شو جدا از جسم و سر ده در لحد

زنده یابی خویش از مرگ جسد
بی‌جسد شو بی‌جسد شو بی‌جسد

آن گران باری به دوش افکنده‌ای
مرده‌یی هرچند مانند زنده‌ای

مرگ قبل از مرگ می‌باید که تا
گردی از زنجیر هر مرگی جدا

اندرون بنگر بیرون از تن گریز
دانه شو در خاک از خرمن بریز

طوطی‌یی آواز تو زنجیر تست
روح خود را بسته‌ای روز نخست

گشته‌یی مرغ گفتار هوس
از هوس افتیده‌ای بین قفس

طوطیان باغ سبز معرفت
است مردان خدا را هم‌صفت

گر تو خواهی بشکنی زندان تن
بشنو از طوطی هندوستان سخن

گویدت از تن برون آی و بمیر
خود ز خود آزادی خود را بگیر

چون تو پا بیرون کشیدی از حدود
وسعت پرواز یابی بی‌حدود

از قفس‌ها ساخته‌اند جسم تو را
بند بندت می‌کند از هم جدا

قسمتی در بند نفس و قسمتی
شد اسیر آرزوی سمتی

"بند بگسل باش آزاد ای پسر"
اندکی خود را به سوی خو ببر

مرگ پنداری ولی عرس وی است
ناله از تاثیر قطع این نی است

دانه چینی از دو پهلوی جهان
بگذرد عنقایت از هفت آسمان

در تب جانت طبیبانت ملک
در غمت هر زنده‌جانی مشترک

عالم از علم تو عقل کل شود
خشک‌سار ذهن دشتت گل شود

تا ننالی ناید این نی در نوا
ناله می‌باشد نواها را عصا

هر نوا را دست و پایی‌ست از قضا
بی‌عصا فلج است فلج است بی‌عصا

خواهی صوت تو معلایی شود
معنی معنای معنایی شود

هم‌نوا کن ناله را با این نوا
تا نوای تو رسد بر هر هرکجا

هر نوا را هر سخن‌گویی‌ست چست
هر سخن‌گویی سخن‌گویی بجست

هر سخن را شد سخن‌رانی عصا
هر عصایی را عصایی در خفا

هر سخنران را سخنرانی بود
هر سخن را پیکر و جانی بود

هم سر و چشم و دهن دارد سخن
در گلو دار، حرف حق ورد دهن

تا دو دست نفشرده‌ای در گوش جان
تا که جان نسپرده‌ای بر جان جان

جان حرف نی شنیدن کی توان
تا نگردی مولوی را هم‌زبان

حق بگوید حق بجوید حق رود
هرکجا حق گوید آن جا می‌رود

روح اگر فرمان دهد رهبر شود
پیکر ره‌رو نه درد سر شود

جسم گم‌ره کی کند فرمان قبول
جست‌وجوها بی‌نتیجه بی‌حصول

اندکی باید چشانید جسم حرس
تا رهانیدش ورا از دام خرس

تن چو از طعم طمع شد بی‌خبر
می‌دهد جان را دمادم درد سر

چون چشید از تلخی زهر متاع
خود کند از آرزویش امتناع

روح را علم دیگر باشد به بر
گر هنوز جسمی فرمانش ببر

شو غلام مخلص درگاه خویش
تا ببینی روح شاهنشاه خویش

تابع دل کن تو آن اندیشه را
مشتری شو قلب زراندوده را

دل چو بگشایی ببینی دل‌ربا
جذبه‌اش چون جذبه‌یی آهن‌ربا

جذب وی شد هرکسی شد اولیا
هرطرف بیند نبیند جز خدا

سنگ با وی صحبت حکمت کند
دیو و دد بر درگه‌اش خدمت کند

پوشد از نور خداوند جامه‌ای
آتشش سوزنده‌یی هر هیمه‌ای

راز شی سازنده‌یی شی پی برد
از پس آن دیگری کی بگذرد

خَلَقَ الْإِنْسَانَ من مِنْ نُطْفَهٍ
آدم ابن آدم و ابن ابن بن

شد پدید از خاک ناپاک و پلید
نَحْنُ أَقْرَب إِلَيْهِ مِنْ حَبْلِ الْوَرِید

خاک بود و خاک بود و خاک بود
انتظار صیقل حکاک بود

آتشی آمد فرود از چشم حق
پخته شد از شعله‌اش هر مستحق

آن هنرمند هنرهای جدید
آرد از خاک پلید آدم پدید

کوزه‌گر چون کوزهی سازد به خویش
کوزه را کی کوزه‌گر سازد فریش

جان دهد از جان خود بر پیکرش
از خم خود ریزد او می ساغرش

اولیایش ساغر مستی‌فزای
قطره‌یی از جام خود ریزد خدای

از کرامات و طلسمات حیات
اولیایش پر ز اسرار ثبات

شو بلی‌گویش بلی‌گویت شود
شو سخن‌گویش سخن‌گویت شود

دامنش گیر دامنت گیرد مدام
از مقامش ذره‌ای گیری مقام

خالی کن کندوی دل بر روی وی
تا شود میهمان تو سبحان حی

هرکی از خود شد برون دید عالمی
عالمی دید و ندید دیگر دمی

تا ندید آتش نگردید گِل درشت
گِل چو آتش دید آدم شد درست

خاک باش و جست‌وجو کن آتشش
آتشش سازد تو را در کارگه‌اش

آتش عشق و کار آن گِل پختن است
گِل چو پخت آن قابل آراستن است

گل گرفت و ساخت پیکرها نقاش
سنگ خود را می‌تراشد سنگ‌تراش

کلک آن نقاش کلک دیگری‌ست
نقش وی نقش شگفتی‌آوری‌ست

نیست نقشی مثل نقش او بلند
صد جهان با نقش او گردیده بند

هیچ بادی آتش سوزان نشد
تا زبان مولوی جریان نشد

شمس تبریزی درید اندیشه‌اش
از زمین آورد برون هم ریشه‌اش

آهوی اندیشه‌ها رامت شود
خاک باش آتش به فرمانت شود

مرغ حیران خرد پر پر زند
گر دمی دروازه‌یی دل در زند

لانه آراید به باغستان دل
ننگرد دیگر به آب و کاه و گِل

آشنا شد با طلسمات حیات
یافت از مرگ خداوندی نجات

از حیات حی گرفت جانش نشان
هردو دنیا شد مقامش جاودان

هیچ شرحی نیست بهر اشتیاق
هیچ دردی نیست مثل این فراق

مولوی پوینده و جویده بود
آفتاب دیگر و گوینده بود

او نبود آتش ولی سوزنده بود
گرچه وی سوزنده لیک سازنده بود

کار آتش تاب و پیچ آهن است
کورهی آتش ورا پیراهن است

آهن استی رو دمی آتش بگیر
در تنور داغ عشق وی بمیر

چون بمیری زنده گرداند تو را
بعد مردن کی بمیراند تو را

لاله‌یی عمر تو روید بار بار
بی‌بهار و بی‌بهار و بی‌بهار

هرکه شاعر شد نوشت چیزی ز خویش
خویش را زد همچو زنبوری به نیش

گفت اما مولوی‌وارانه نه
سفت اما یک دُر دردانه نه

این حدیثانی که مایان گفته‌ایم
گفته‌ایم اما نه دری سفته‌ایم

آنچه در هستی نهان است مولوی
او هویدا کرده‌اش در مثنوی

مابقی تکرار و حرف نابجاست
آهن زنگ‌خورده اینش، آن طلاست

نیست رازی تا نگردید فاشِ وی
بشنو او را از لب فراش نی

سر پنهان را بدایت کرده است
یک‌یکی جان را روایت کرده است

او رسول هرچه آیین در جهان
گنج راز معرفت‌های کلان

آتش سوزنده‌یی هر هیمه‌ای
پاره‌های ملک حی را پینه‌ای

هم دلیل وصلت هر ملتی
آیتش حاجت روای علتی

گبر و ترسا و مسلمان و جهود
می‌فرستندش ورا صدها درود

سفره‌خوار حکمتش مور و ملخ
ساحران از حیرتش تیری زنخ

گردهم آرد دو قشری از دو ملک
روی یک خوانی گدا را با ملوک

هم محوط هم محیطی گردد او
هم فریقی را طریقی آرد او

حرف ما بی‌روح و جسم مرده‌ای
حرف حرف مولوی چون زنده‌ای

این نه شعر است در بیان آورده‌ایم
این نه خون دل که مایان خورده‌ایم

حرف آن مولای مولایان نکوست
مغز معنی و بود لفظ همچو پوست

پوست و مغز از هم جدا باید نمود
مغز مغز استخوان خود سرود

الَّذِينَ هُمْ فِي صَلَاتِهِمْ خَاشِعُون
وَالَّذِينَ هُمْ عَنِ اللَّغْوِ مُعْرِضُون

اندرین دریا شتابان کن شنا
تا رسی در بحر مولانای ما

فطرت آهو، توان شیر داشت
از خرد بر دست خود شمشیر داشت

چهره بگشا از میان این حجاب
تا روان گردی خروشان مثل آب

خود بیارا از گل خود خویش را
خود نما تعیین نصاب خویش را

گل نیازارد تو را در زیر خاک
نیست دشمن هیچ خاکی را به خاک

خاک بودی خاک باش و خاک شو
بعد آن از خاک خود رُوی تاک شو

وای اگر خاکی ز خاکی دل برد
کاخ تاریخ بشر برهم خورد

کوزه‌ها ریزند و ریزد آب مهر
از زمین شر روید و سنگ از سپهر

سنگ ابلیس بر سر هاروت خورد
فتنه‌هایش دولت ماروت برد

تاج کرمنای آدم را ز سر
برد و افکندش میان آن سقر

آله‌یی دستان طوفانی شود
لقمه‌یی ناچیز بارانی شود

لاجرم خاکی ز خاکی عار کرد
خود گلو را زیر چوب دار کرد

اندرون ابلیس و ظاهر چون ملک
وای از این میمون آدم چهره‌گک

لطف حق شامل به حال اولیا
هرکی شد او اولیا شد با خدا

تا خدا را شد خدایی در امور
نوکرانش انس و جن و مار و مور

نیک پندارند دوستان حکیم
ذره را از زمره‌ای زرِ قدیم

ای تو را این بی‌خودی آسودگی
عافیت یابی از این دیوانگی

سِر خود بی‌خود منه در سر راه
جز خدا از کس نخواه عفو گناه

روح خود از پیکر ابلیس بکش
از چنین درس و از این تدریس رش

دل شرر از زحمت تن داده‌ای
این نشستن را چه رفتن خوانده‌ای

بوریا کن فرش این میخانه را
تا ببینی جدبه‌یی پیمانه را

مشتری دیو و پری و انس و جن
تخت و بختت چون سلیمان مطمئن

گر هویدا خواهی رمز مشت حق
پنجه‌افکن پنجه‌یی دست علق

این بشر تیر و خداوند تیرزن
می‌رسی هرجا که خواهی ری نزن

«عُروَةُ الوُثْقیٰ» امین و ره‌نماست
این طناب محکم لطف خداست

۱۳۱
آریانا

خاک و خورشید از قضا عقدی ببست
زاده شد زان کوه و دریا و درخت

دود و طوفانی در آن آمد پدید
کلک خلاق نقش پر رنگی کشید

کره‌ای خاکی که گویندش زمین
آفرید و نام آن شد عالمین

قسمتی را قسمت خورشید کرد
قسمت دیگر نصیب شید کرد

هریکی را نام و آیینی بداد
آریانا نام این برزن نهاد

بود بخدی قلب و مهد آریا
مسند شاه و گدا و اولیا

شهر دانش برزن علم و هنر
آتش افروز اوستایی‌مقر

عهد باستان باختر گنجینه‌بار
آسیاب نور و دشت لاله‌زار

چشم خرشید خیره از فراخی‌اش
در ملاحت مصریان مداحی‌اش

زیست‌گه زردشتیان پاک‌زاد
نیک‌گوی و نیک‌پوی و نیک‌راد

گفته‌اش تا بشنوی گفتار نیک
پند او سرتابه‌پا پندار نیک

کار آن کردار مردان بزرگ
راه آن سرمنزل راه سترگ

آتشش را باد روشن می‌نمود
خوان او لطف خدا پهن می‌نمود

رفته از خاکسترش تا روم و شام
برده طوفان هنر نامش به عام

آریانا آفتاب شب درخش
بخدی دامن بهشتی مه برش

برج اختر بوس کیهان جوره‌رو
بام دنیا دید فریادها شنو

مادر دین و تمدن‌های دهر
روشنی‌زای فروزاننده بر

قوم پیش‌آهنگ فرهنگ نجیب
کودک و پیر و جوانانش ادیب

جمله تیرانداز و چابک پهلوان
آشنا با نیزه و گرز و کمان

در رکاب رخش تدبیر پای آن
هرکجا عشق است آن‌جا جای آن

آن اهورامزد یزدانی‌سرشت
کینه را کشت و زمین از مهر کشت

حکمت مزدا به گوش مرد و زن
می‌رساند آن موبد آتش‌دهن

دوستی و راستی پیغام وی
از وفا سر ریز و لب‌ریز جام وی

انس و جن آشتی ز بیم غره‌اش
دیو و دد رام طلسم نعره‌اش

هیچ دیوی دانه‌ی دشتش نبرد
هم هیولایی ز اقوامش نخورد

تا در آن بوم بود روشن آتشی
سر ز خاکستر نمی‌کرد آفتی

هرکی را بود آرین نسل و نژاد
سر فرود آرد به پایش خاک و باد

آتش سوزنده را چیزی نسوخت
بر خموشی‌اش نه آبی چشم دوخت

تا در آن وادی روان بود روح تُشت
هیچ مردی بی‌گنه مردی نکشت

هیچ زن را سنگ عفت کم نشد
هیچ عشقی علت ماتم نشد

هیچ مرغی دانه‌ای مرغی نخورد
هیچ گرگی بره از خیلی نبرد

عشق و شهوت را جدا بود دره‌ها
هم فریب گرگ نمی‌خورد بره‌ها

عشق آتش بود و آتش عشق بود
این شرر سوزنده‌یی هر فسق بود

عشق پنداری بود نیک و زلال
عشق کرداری بود نیک و کمال

عشق گفتاری بود نیک و نفیس
شمع یک‌دل‌گشته‌گان هم‌جلیس

هیچ گرگی بره‌ای آسان نخورد
هرگز آهوی به چنگ گرگ نمرد

عزت و عفت در آن وادی نماند
تا خر ابلیس در آن‌جا شد دوان

سرزمین سرسپاران عیار
نقش معمار بزرگ کردگار

هیچ طوفانی نبرد گردی ز پا
هیچ انسانی نشد از خود جدا

بام دنیا سقف ملک آسیا
خانه‌ی زردشتیان و آریا

بُد به کام بدسرشتان جام زهر
قلعه‌ای نیک‌بینشان باهنر

آتش او دوزخ بدبینشان
دین او دین خدای بی‌نشان

جمله مومن جلمه پیر و مقتدی
پیش از آیین محمد احمدی

روح عیسا همره هر پیکری
هریکی را در خفا پیغمبری

گرچه نامی از نص قرآن نبود
در دل هر آریایی زنده بود

از کتاب‌الله رواج کار شان
همچو گفتارهاشان کردارشان

آتش آن قاری خوش نعره‌ای
نعره‌ای روزن فروزاننده‌ای

مرغ بیداری‌ده خوابیده‌گان
هم شبان گله‌ای گوسفندیان

شهره‌ای گردون و ایوان سپهر
از بر و دوشش فواران ماه و مهر

آسمان را می‌خراشد صخره‌هاش
کهکشان‌ها لقمه‌های دره‌هاش

در دل هر سنگ آن گوهر نهان
صخره‌ها دارد نشان از بی‌نشان

سرحد و جغرافیایی بی‌حدود
بال شاهین ناتوانش از صعود

هم پرادا، پارتیا و آریا
مارگیانا، باکتریا، کارمانیا

هیرکانیا و درنگیانا، گِدروزیا
پاروپامیسوس و آراخوزیا

از فلات تا خزر و دریای عمان
بوده استان‌های این مهد کلان

مرز شرقی می‌رود تا رود سند
مر جنوب را مرز اقیانوس هند

یک‌هزار سال قبل میلاد تا کنون
جاری در رگ‌های گردون هم چو خون

سغدی‌ها و پارس‌ها و مادها
پیرو دین اهورامزدا

گرچه قوم بیگانه اما دل یکی
از ذکاوت می‌شود دل‌ها یکی

نکته کوتاه گویم این فرخ زمین
کودکی بود و جوان می‌شد چنین

۱۳۲
خراسان
چرخ گردون را به چرخ آرد خدا
حکم دیگر شد قضا را از قضا

آریانا شد خراسان بزرگ
آسیا رویید از آن دشت سترگ

پیکر بود و زمین زنده‌ای
مردمانش مردم رزمنده‌ای

چشم آن خوارزم و مغزش باختر
پر سراپایش ز گنج و سیم و زر

از چهار ربعی بنا شد پیکرش
پای آن بلخ و بخارا هم سرش

روح آن مرو و بود جسمش هرات
قلبش نیشابور چون آب حیات

ربع نیشابور چنین آید ردیف
جاجر و جام و جوین، توس شریف

بیهق و خواف و باخزر، خبوشان
زوزن و ازغند و پشت و ارغیان

اسفراین تا نسا و رخ بود
جمله ملک سبز و فرخ‌رخ بود

ربع مرو سنگ عبادی، سوسقان
صبهه و سنجان و هم دندانقان

هرمز و کیرنک و هم شهر خرق
تا به باشا را خراسان مستحق

ربع هرات غور و بادغیس و فراه
سرزمین سرسپاران و سپاه

ربع بلخ از فاریاب تا بامیان
پورگان و اندوخوی و جوزجان

از کهن‌دژ تا تخارستان رسد
از سمنگان تا بغلان می‌رود

از بدخشان رفته نامش در جهان
سرزمین لعل خوانندش عیان

از بخارا تا خجند و ملک چین
جمله بر انگشتر دستش نگین

مشتق از "خور" و ز "آسان" گشته است
بعد آن نامش خراسان گشته است

آریانا را خراسان شد فزون
آفتابی از پس‌اش آمد برون

نام دو بود و ولی کشور یکی
دل یکی و معبد و منبر یکی

هردو را اندیشه‌ی آزادی یک
هردو را این آرزوها مشترک

آن ز آتش پخته دیگ آرزو
این ز خورشید پخته دیگ آرزو

تا خراسان خانه‌ی خورشید شد
روشنی پاینده و جاوید شد

از بخارا و سمرقند و خجند
نور دامن دامن از وی می‌برند

قبله‌ی نور و درخشان معبدی
میهن باوسعت و بی‌سرحدی

آشنا با نام آن کیوان و مهر
صخره‌هایش آتش‌افشان سپهر

مادر پیر چراغ آسمان
نور پستانش بود دایم روان

فرش پهن پاک مستان خدا
مهد فرهنگ بزرگ آریا

کوه خورشیدزای ظاهرآتشین
خاک مردان‌خیز قوم پاک‌دین

دولت دیرین‌بقای پارسی
لشکر کشورکشای راستی

درگه عشق و امید و زندگی
مکتب فرزانگی، آزادگی

شهر جمشید و جهان‌داران روز
هریکی آتش‌دهان، آتش‌فروز

کوزه‌هاشان پر ز آب معرفت
سفره‌هاشان سفره‌های اتلفت

چهره می‌شستند به نور آفتاب
می‌سپردند دل به دریای شراب

اهل دل، اهل خرد، اهل سخن
نورنوردان و چراغ انجمن

دل به دریاداده‌گان دُرنگر
نوحیان هر مغاص پرخطر

گشته معقولات شان از نیست هست
فیلسوف و عارف و صوفی و مست

معبد عشق و حریم عاشقان
روزن نورافکن روی جهان

آفتاب‌آباد افروزنده باد
«هرکی این آتش ندارد نیست باد»

مسکن گردان و مردان دلیر
مامن روشن‌ضمیران ظهیر

راویان راز پنهان سپهر
پیش‌گویان سِر سرسام سِحر

مکتب دانش‌واران شرق و غرب
از تمدن‌های آن حیران عرب

کاخ افلاک‌افکن و بام سخن
رود آهنگین موج‌زای سخن

محوط معنا محیط صرف و نحو
فیلسوفان در مصافش گشته محو

گلشن گویندگان پیش‌تاز
ساحل صاحب‌دلان سرفراز

شهره‌ی آفاق و ملک بی‌حدود
مجلس شعر و ادب، نای و سرود

شب سرشتان را چراغان می‌نمود
دیومغزان را هم انسان می‌نمود

از بر و دوشش سرازیر چشمه‌ها
جاری در جویش بوی مولیا

کوه کوه‌اش لعل و جوهر در میان
قیمت گنج‌اش بهای دو جهان

گر بگشتی دور اقلیم جهان
میهنی زیبا نبینی مثل آن

هر دو پهلوی زمین گردی ولی
می‌نیابی چون دل‌آرا بابلی

صحن نرگس‌های خونین‌پیرهن
مرده‌گان زنده‌ی رحمت‌کفن

دین‌شان اخلاق و عرفان درس‌شان
از خدا دستور شان و ترس شان

رود آن چون نیل فرعون باوران
کشتی نوحی آن جیحون روان

خانه‌ی مهر و سرای عارفان
شهر دانش مسکن روشن‌دلان

آرزو آزادی و همت بلند
مردم آیینه‌وار ارجمند

۱۳۳

چه آسیبی رسید عیشِ مدامِ کامرانان را
چه دردی وارهید اشک دو چشم می‌گساران را
چه موجی درشکست کشتی‌نشینان خماران را
چه فکری ره گرفت عزم عظیم شه‌سواران را
چه ابر آفتی افشرد گلوی باد و باران را

دلم در جست‌وجوی آرزوی همدلی گم شد
جنون سرکشی‌های من از این عاقلی گم شد
خروش خشم وجدانم در این هم‌ساحلی گم شد
شرار شعله‌ام در انجماد کاهلی گم شد
خدا هرگز نیامرزد تهی‌مغزان دوران را

مرا شورِ محبت این چنین دیوانگی آموخت
شدم دیوانه و آتش مرا پروانگی آموخت
چو آتش خورده‌ام آتش مرا مردانگی آموخت
کجا اهلی شود مرغی که سازِ زندگی آموخت
ندیدم صورت ترکیده‌یی آیینه‌داران را

نه آرامد سری چون ساغر آزادگی نوشد
نمی‌لرزد تنی چون جامه‌ای افتادگی پوشد
خوشا آنی که هنگام رفاء در سادگی کوشد
خوشا چشم توانایی که چشم از هرزگی پوشد
نمی‌زیبد خزانی شوکت فصل بهاران را

بیا و زورق دل را در این دریا شناور کن
عبور عاشقان سهل است رسیدن را باور کن
نه فکر هم‌سفر باش و نه فکر یار و یاور کن
تو شاهینی و کُه‌بازی کمی دل را دلاور کن
که سنگین می‌زند طوفان سبک‌بالان دوران را

شود روزی واعظ را نباشد ره به محرابی
بگیرند از سرش عمامه، رانندش چو دوابی
بپیچد گردنش دستار محکم هم چو گردابی

زنندش سنگ تا گیرد ز طفلان رسم آدابی
برید از بیخ باید ریش این‌طوری مسلمان را

چرا باید زعیم دین ما اهریمنی باشد
چرا دست چنین دیوی به دامان زنی باشد
خدا رهن دو-سه جادوگر پشمی‌تنی باشد
سر راه بشر این‌گونه دزد و ره‌زنی باشد
بباید رو سیاه شهر و بازار جمله دزدان را

ز واعظ تاهنوز جز یاوه از منبر نشنیدم
شنیدم یاوه اما حرف پیغمبر نشنیدم
من این کفری که واعظ گوید از کافر نشنیدم
چه‌گویم هیچ آهنگ خوشی از خر نشنیدم
ببرند کاش ایامی زبان یاوه‌گویان را

چرا دین خدا این‌گونه هردم بی‌نوا باشد
خدا در دست این بازی‌گران بی‌حیا باشد
سر اسلام با تیغ ملا از تن جدا باشد
شرعیت شعله‌ای دیگ فساد هر ملا باشد
خدا می‌گریه تا این‌گونه پاشان دید قرآن را

به خون ملتی تر گشته نان مفتی و ملا
دریغ از گرگی این تشنگان خون، واویلا
ز چشمم دود می‌آید نگه تا می‌کنم بالا
چه جرمی داشیم آیا چه کاری کرده بودیم ما
چرا انسان بپردازد سزای جرم حیوان را

بیا صوفی ز غار و جاده‌پیما باش ایامی
لباس عافیت از تن برون آور تو هنگامی
نزن منقار چون مرغ گرفتار سر بامی
قفس می‌سازی از تار ریا یا حلقه‌ای دامی
که چنگال هوس‌ها سخت گیرد مو درازان را

زمان خردوانی گشته، دشت خرخری بینم
چه ره‌رهو ره‌روی‌ها و چه رهبر رهبری بینم
گهی آهن فروشی و گهی آهن‌گری بینم
یکی را تاجر خاک و دگر را مشتری بینم
بکوبد کاش بر روی زمین این خرسواران را

۱۳۴

ای دیده ببین قلبه‌یی ویران حقیقت
قلب نگران و لب خندان حقیقت
حاجی شده‌اند جملگی دزدان حقیقت
کو در دو جهان شخص مسلمان حقیقت
سر رفته ز سر آب فراوان حقیقت

پر گشته ز هر هرزه‌ای انبار زمانه
بی‌نرخ شده دیگر همه بازار زمانه
افتاده به دست خری افسار زمانه
آویخته گلوی سخن از دار زمانه
خون می‌رود از کاسه‌ای چشمان حقیقت

ابری شده باریده ز آیینه‌ای ما خون
جاری شده از سینه‌ای این قافله جیحون
تا می‌نگرم دور و برم معبد هامون
ماری همه را کرده به دیدار خود افسون
کس نیست ببیند لب گریان حقیقت

«آواز خران نغمه»ای داود زمان است
هرنغمه که در گوش تو آید ز خران است
خر هم ز خری‌های بشر خوش‌گذران است
میدان خریت چقدر خوب کلان است
کی می‌وزد از بادیه طوفان حقیقت

می‌بینند و حرفی نزند مرد سخن‌ور
نوکر شده‌ایم جلمه ولی نوکرِ نوکر
اول شده‌ایم در سبق مکتب از آخر
کردیم همه تنبان خود از بی‌خردی تر
آیا خبر استی تو ز تنبان حقیقت

یاد آوَرد از نام تو این گردش ایام
فریاد شود همره راه تو در این گام
دل یک‌دله کن تا شوی شایسته‌ی انعام

زاییده به این روز تو را مادر ایام
تا بشکنی بازوی حریفان حقیقت

۱۳۵

از میله‌یی گلوی من امشب نوا رمید
ای بلبلی شکسته پرِ باغ آبرو
ای عزت خزیده‌یی ترسو در اوج تن
هرجا که می‌روی از پیش من برو

گاهی کتاب می‌خورم و راه می‌روم
گاهی هم از دریچه‌یی پرواز می‌کنم
طوفان فکر در سر من دور می‌زند
سازی به ساز صاعقه آغاز می‌کنم

گفتی مرا که مردم ده را خبر کنم
دیگر ستاره تابع امر مدار نیست
این مژده‌یی رهایی کجا و کی را دهم
سرهای ما هنوز پذیرای دار نیست

دود گلوی خانه‌ی من آه چوبی نیست
من در درون خود آتش گرفته‌ام
پر می‌کشد تمام وجودم بسان دود
از دامن نهایت غم، کش گرفته‌ام

سختی‌گریز دیده چرا گریه می‌کنی
آیا که سوگواری دریا تو دیده‌ای
دریا نخواسته ببیند رخ تو را
یا چشم دل به دیدن دریا نبرده‌ای

سقف تجمل آتش فرو نشست
خاکستر انتقام صنوبر گرفته است
جنگل لباس کهنه‌ی خود را ز تن بدر
باران در آسمان تو سنگر گرفته است

شب بر دَر نهاد من امشب گدا شده
روزن ز دست نور سویی خانه می‌کشد
مرغان زبانِ جنگل آتش‌گرفته‌اند
هریک سفاله‌یی آبی به شانه می‌کشد

۱۳۶

تو گفتی چیستم، نورِ خراسان
نژاد پاک کی؟ پور خراسان

مرا این بی‌امان مستی کی داده
شراب تاک انگور خراسان

چرا دیوانه و رند و خرابم
زده در سینه‌ام شور خراسان

از آن رو رقص من رقص سماعی‌ست
شنیدم ساز ماهور خراسان

بریدم گردن گم‌نامی از تن
بران است تیغ ساتور خراسان

۱۳۷
درد آسایش کجا از رنج وجدان کم‌تر است
اشک اگر از دیده می‌ریزد چرا دامن تر است

چشم تصویربین انسان در جوانی کور شد
هرچه می‌آید به ذهنش از عصا باریک‌تر است

این تصادم‌ها تصادف در خیال آدمی‌ست
وهم افتیدن نه تنها در شب تاریک‌تر است

زورق دل در کویری مانده از بی‌ناخدا
چشم سر در کار سنجش‌های ما کاری‌گر است

فرقه‌ها از برتری‌بینی فراوانی گرفت
آتش آن دم دود می‌گردد که در فکر پَر است

گرگ ماییم و غلط انسان مسما گشته‌ایم
جعل تاریخ است گویند آدمی پیغمبر است

شاه شطرنج بشر گم‌گشته هنگام نبرد
در بزن‌گاه تبانی لشکرش بی‌رهبر است

ناتکمیل غزل‌ها

این جمله سرایش را برای این‌که در حالات خاصی سروده شده اند به طور دست‌نخورده باقی می‌مانم تا چیزی در کار دل اضافه نکرده باشم.

نگذاردم به شادی قلمم، نهاد مستم
به کجاست سرنوشتم، چه خدای می‌پرستم
قلمم چه خوش ربابی که به دست فطرت من
چه غرور می‌نوازد که نترسم از شکستم

***

به شوق ناله بگشودم لب و دیدم نمی‌نالم
خموشی بهتر ای فریاد اگر نالم به کی نالم
مرا از خود نمایی‌های این فریادفروشان، داد
به خون می‌جوشم و چون دیگ ناجوشی نمی‌نالم

***

به قدری اتفاق افتیده در عمر بشر امروز
ندارد دیگر این پروانه پروای شرر امروز
به آن اندازه زخم روزگاران را چشیدم من
غم دیروز و فردا جمله گردید بی‌اثر امروز
سبک‌بال باش کم کن بار سنگین توقع را
ز دیدار چمن بی‌زار شو از گل بپر امروز
پیامی گو به ابر از نارسا باریدن باران
زمین را بس بود چشمان سیل‌آسای تر امروز

***

به می‌خواری‌هایم از گردون گرفتم تاج کرمنا
کی آیا دیده هم‌چون ساغری اقبال ناکامی
ز فیض مستی در سیر فلک توفیق پر دیدم
از آن می‌گردم عمری بی‌جهت دنبال بدنامی

***

در همه جا خدا بود در همه سوی خدا بود
هرچه بود خدا بود غیر خدا خدا نبود
نای پرنده‌ها خدا نغمه‌یی آبشار خدا
بشنوی هرصدا خدا بینی اگر بهار خدا
هرجهتی نظر کنی عکس نگار بنگری

***

هر شب از هجر تو با آیینه هم‌آیین شوم
با پرستوهای بی‌کاشانه هم‌بالین شوم
رهگذار کوچه‌های غربت بی‌انتها
زهره‌دار آسمان و هم‌پَر شاهین شوم
***

دختر زیبای بودا شد عروس
با کچل مرد کل و کور عبوس
در شب زفاف او خون می‌چکید
شوهرش روی عروسش می‌مکید
مادر خود را سواری می‌نمود
آن کهن‌سال پیرخر مادرفروش
روی هرخاکی بزیی مادر است
بهر قتل مادرت هرگز نکوش
***

دل به دریا ندهی از چه رسی تو سوی دل
نکُشی تا سگ دل ره نبری به کوی دل
موج زیبا نشوی سر به فلک چسان کشی
نشوی تو مست دل تا نچشی سبوی دل
***

هوا باطل فضا باطل تمام ابرها باطل
نگاه باطل دعا باطل سکوت شهرها باطل
وفا باطل حیاء باطل نوا باطل صدا باطل
خدا با آن خدایی‌ها در این باطل‌سرا باطل

***

نبینم لحظه‌یی مرغ هوا بی‌هم‌نوا آید
صدای زاغ از باغ انار سرخ ما آید
نشیند جغد نومیدی به شاخ نونهال کاج
یمامی تشنه از سرچشمه‌یی آب بقا آید
زمین ملک کلاغ و لانه‌یی گرم زغن‌ها شد
سعادت کن دمی یارب ایامی هم هما آید

***

نروی کاش تو ای نور نظر از نظرم
نبری کاش دلم را نکنی خون جگرم
ندهی باز به بادم نشوی دشمن من
نخوری خون دلم را ندری چشم ترم

***

زادروزم را چه می‌پرسی بیا روزم بپرس
با من از فردا نگو جریان امروزم بپرس
تا گذر کردم به گردون نیستی شد قسمتم
روز مرگم را تو از نزد کفن‌دوزم بپرس

***

چه خوش است مرد زیستن چه خوش است مرد رفتن
چه خوش است بال پرواز قفس نفس شکستن
چه خوش است ز تن رمیدن، قفس نفس دریدن
به کرانه‌ها پریدن به درخت جان نشستن
چه خوش است ابر و باران، چه خوش است رویش گل
چه خوش است غنچه غنچه همه نو به نو شکفتن

***

هر بتی ساختم نیامد تا تو را ترمیم کنم
از چه تصویری تو را مانند تو ترسیم کنم
یک خدا دارد جهان اما برایت کافی نیست
کار چشمان تو را با صد خدا تقسیم کنم

***

برو به راه محمد محمدی‌ها بین
رسی ز بولهبی‌ها به بولهبی
بیا ز منبر و وعظی به خویش فرمای
اگر خدانخواسته خدای می‌طلبی
ز جِیب مقتدی بردوز دیده و باز
سری به جَیب خود انداز، محتسبی
تو ریش داری و ریش تو نیش زنبور
عسل نداری و زنبور بی‌نسبی
***
قصه از ما بود و اما قصه‌گو از دشمنان
دل فقط بود سهم ما اما دهان از دیگران
نیشکر کاشتیم تا کام دلی شیرین کنیم
نای آن شد قسمت ما و شکر هم از خران
***
ثمر جز سنگ طفلان برسرم دیگر چه عیشی داد
نمی‌دیدم غم حاصل درخت بید می‌بودم
دلی می‌داشتم و بالی و چشمان جهان‌بینی
اگر از هم‌ردیفان صف خورشید می‌بودم
***

بر سرم خاک اگر آب تو را خاک کنم
سینه‌ام چاک اگر سینه‌ای تو چاک کنم
پای اسب خِردم گیرِ گِل‌آب است هنوز
من ناپاک چه باشم که تو را پاک کنم
***
ساقیا باده اسیر خم و زنجیر نکنید
عمر آزاده در این کنج قفس پیر نکنید
قله‌پیما به بلندای تعامل بروید
یخن زندگی را زیاد از ین چیر نکنید
حس دریا شدن حوصله‌ای خویش نگیر
به گپ هر دهن آلوده دگر گیر نکنید
رنگِ روی سکه‌یی سچه‌یی خود را نبرید
دل خود را پسر کوچه‌یی تقدیر نکنید
***
بلبلی بودم به زندان گُلی گشتم اسیر
بودوباشم بعد آن در میله‌های باغ شد
شبنمی بودم چکیدم در مسیر عابران
گام ناهنگام باران بر دل من داغ شد
با تگرگی گم شدم از خیل هم‌بالان خود
حسرت دوری یاران بر گلویم زاغ شد
***

پرده پرده آه افزود ساز نمی‌‌ه‌آهنگم
با طنین تار غم پنجه پنجه می‌جنگم
میل آفتاب در شب، آرزوی مَه در روز
آخر این تمنا چیست در ته دل تنگم
دانه‌دانه برگ آید از درخت چشمانم
غنچه‌غنچه می‌ریزم می‌رود ز من رنگم

***

تک‌بیت‌ها

۱

فارسی گوشت است و ناخن‌اش دری
گوشت و ناخن را جدا کردن خطاست

۲

سینه سپر نموده‌ام تا برسم به سوی تو
دل چه دلیر می‌زند با غم دیو تن به تن

۳

نیست نقصی کسب عیش با زجر عمر
بی‌تکلف ناید از تار رباب آهنگ خوش

۴

جوشش موج از خروش و خیزش دریا نبین
کله بر هر صخره می‌کوبد که آراید بدن

۵

بال نعمت گر به پرواز آورد آسودگان
بی‌مشقت پر نزد عنقا به کسب آسمان

۶
گر طریقت سوی جان ویران‌کردن رفتن است
بی‌طریق منزل بزن ویران حیرانت شود

۷
یوسفا پنهان شو از چون و چند
حسن زیبا را به زندان می‌برند

۸
چسان ای بی‌خبر از عشق تو از عالم می‌رنجی
برو گاهی به بزم عشق ببین عالم تباهی را

۹
اگر بدستِ شقایق فتاد مرغِ دلی
اسیر کنید و به پنجه‌یی توزه بسپارید

۱۰
اگر دانم دمی آیی تو در خوابم
نه بیدارم دگر بینی تمام عمر می‌خوابم

۱۱

نیستم مجنون سراغ دشت و صحراها گیرم و
آنچنان دیوانه‌ام صحرا مرا گیرد سراغ

۱۲

مولوی و بیدل و هر دل به دریا داده‌ای
غیر این دنیا ندارد آدمی کارآمدی

۱۳

عاقبت از لابلای این همه لیلاگری
می‌شوم مجنون ترک شهر خوبان می‌کنم

۱۴

چنانی که از بودنم خسته‌ای
من از بی‌تو بودن چنان خسته‌ام

۱۵

به کجا شوم روانه به کی گویم از غم دل
که چه‌ها ندیدم از تو که چه بر سرم نمودی

۱۶

خواهی ببر زندان، خواهی بکش به آتش
ما را از این جهنم خوش‌تر دگر نباشد

۱۷

همه تن چو بید دارم همه لرزه لرزه لرزه
همه روح چو باد دارم که به زلفی کرده خانه

۱۸

گر عشق بیاموزی، آموخته‌یی عالم را
هرجا که روی که لطف است، هر دَر که زنی مهر است

۱۹

گفتی که در آیینه ما نیست غباری
گر نیست چرا خویشتنم را ننمایی

۲۰

هرچند که نیست دیده‌یی ما را توان دید
می‌بینمت که دست به دستی فشرده‌ای

۲۱
هرکی با تیر تواند که زند صیدی را
اصل صیاد همانی‌ست که صید زنده بَرد

۲۲
دیده را خسته چه سازم به تماشای فلک
روشن از ماهِ فلک در دل شب‌های منی

۲۳
دو چشم تو دو دوزخی‌ست پی هم
یکی تنم بسوزد و دیگر روانم را

۲۴
هزار خانه‌یی عشق است در این سراچه‌یی دل
یکی بجو و چو رفتی هزار ببر

۲۵
ای دوست ستم کن، بیازار، بسوزان
این‌ها همگی کن ولی چهره نگردان

۲۶
مرا کجا و دامن گل چیدن و چمن رفتن
کسی که بوی تو بوید نبوید گل

۲۷
باغ عشق را فصل پاییز نا رسد
گر رسد تا کفش نهد گردد بهار

۲۸
کجا بی‌مونس و همدم توان با زندگی سازش
نیاید این چنین آوا به جز از پنجه‌یی خالق

۲۹
به جلوه‌گاه حضورت قدم نرنجانم
که هرطرف به نظر جلوه جلوه می‌آیی

۳۰
ببند مطرب لب از این نغمه‌های سرد و غمگینم
که این جا هیچ‌کس معنی این آهنگ نمی‌داند

۳۱

ز شوقِ روی تو در سینه ساخته‌ام باغی
که هر نفس بدر آرم شکوفه یاد کنم

۳۲

با زبان گر سخنم قابل فهم نیست تو را
نگهم را بشنو تا شنوی حرف دلم

۳۳

صحبت عقل نزد عشاق این نشان ابلهی‌ست
طفل را قانع نشاید بهر نابودی شیر

۳۴

کسی باید مرا میخانه‌یی عشاق گوید ره
که از شیخان دین‌آزار خدا جستن مهیا نیست

۳۵

دل اگر پیر شود، کودکی حتا پیری‌ست
همه پیری جوانی‌ست اگر دل شادی

۳۶
صور تو ریختن به دیوار کار هر نقاش نیست
اندکی باید خدا بود تا تو را تصویر کرد

۳۷
بوی دهان می‌دهد آن دو لب شکاکی‌ات
از کی دهان گرفته‌یی کزدهنم رمیده‌ای

۳۸
دو چشم پُر شده اشک ولی هنوز دو لب
ز خنده‌های بساز و نمیر، نباز پُر است

۳۹
گاه گاهی که عقل من خواب است
می‌برم هرچی دل دهد فرمان

۴۰
همه کودک‌اند و پاک‌باز همه غنچه‌های نورس
همه بی‌ریا و مستند من و تو چرا نباشیم

۴۱

دیگرم نپرس معنی، بگذار خموش باشم
که به تعبیر تو امشب همه معنی‌ام فروختم

۴۲

دیده آزرده چه سازم به تماشای فلک
روشن از ماه فلک در دل شب‌های منی

۴۳

چقدر خدا بگویم که تو از خدا بترسی
مگر ای خدای عالم تو از این بلا بپرسی

۴۴

من خودم را ز خودم می‌رانم
تا تو را هم‌سفر راه کنم

۴۵

من تو را هم‌نفسم چون خود تو
تو مرا هم‌نفسی چون خود من

۴۶

کاش یک کافر مسلمان کرده بود
آن‌که کافر صد مسلمان می‌نمود

۴۷

دو چشم از بابت حاجت نرنجان نزد تن‌دونان
کجا سیلاب غم آن ماهی نَوخانه می‌داند

۴۸

هزار خاک سیه صدقه ی گُل رویت
که روی هرچه شرور است سفید کرده‌ای تو

۴۹

شامی که شعر ما را در کارگهی کشتنند
خونی چکید و دیدم من هستم او که مُردست

۵۰

جز صبر مرا چاره‌یی دیگر به قَدَر نیست
افسوس که صبر جز غمِ بسیار ندارد

۵۱

دیده را گر می‌گشودیم از در انصاف‌ها
خارِ غفلت ره نداشت در پای وجدان کسی

۵۲

با هرکه به راز آمده‌ایم فاش جهان کرد
جز رند که سَر باخت و لی سِر نکشانید

۵۳

گیرم که همه خاطرت از خاطرِ من رفت
تیری که به قلبم زده‌ای خاطره مانَد

۵۴

چه مستت می‌کند خوب بودن مردان بالادست
ندیدم تلخ‌تر از طعم شراب ناسپاسی‌ها

۵۵

سر از اندیشه‌ای راه توانستن نبرداری
که فکر ناتوانی خم کند پشت توانا را

۵۶
من آن موجم که از دریا گسستم
دگر با زندگی کاری ندارم

۵۷
میا از پرده بیرون و نکش از چهره چادر را
شکستی شیشه‌یی حیرت به سنگ دل‌فریبایی

۵۸
نپرس آغاز و انجام سفر را، زندگانی کن
که از اندازه بیرون باشد این راه پریشانی

۵۹
نبر اندیشه از کژبینشی هر شیشه‌پردازی
چه می‌داند سکار ریخته‌ای آیینه‌بودن را

۶۰
گرفتم دست دل بُردم به عقلِ خویش بسپردم
ندای دادِ عقل آمد که دل از دست بیرون است

۶۱

زلالی‌ها جدا از چشمه‌ها گردیده این ایام
نینداز صورت احساسِ خود را روی هر آبی

۶۲

عمادم، هادی‌یم، رندم، نی‌یم آسوده وجدانی
که بینم خفته‌ای و پرده از رویش نبردارم

۶۳

عیان است گردش گردون که دارد محشری در پی
چه انجامی خواهد داشت چنین چرخیدن چشمت

۶۴

فروتن باش اگر خواهی رسی در منزل جانان
که تا سر خم نگردانی نیابی سجده‌گاهت را

۶۵

این کهن‌سالی دلیل نیست گشتن نیست نیست
می‌شویم باد خزان تا آوریم بوی بهار

۶۶
شب ما به شمع رویت چه خجسته بود دی‌شب
سحری که سر نمی‌شد همه خفته بود دی‌شب

۶۷
مگو ای دیده از ریختن اگرچه دیده‌ای آفت
که عمری می‌شود ما را به کار دل کاری نیست

۶۸
زان می‌تپد این قلب که عشق تو میانش
عشق هرطرفی خانه کند زلزله خیزد

۶۹
با کشتی نشینان قصه‌یی موج بگو
که داستان ساحل دیگر کهنه است

۷۰
بس که می‌جوشد معانی در دل بی‌معنی‌ام
خشک می‌گردد زبان و چشم گویا می‌شود

۷۱

زندگی را کاغذی بشمار و خود نقاش شو
رنگ رنگ از رنگ عشق دیوان و دفترها بساز

۷۲

هرکه از شعر نداند ز شاعر چه برد
چون‌که تا خود نشناسی خدا را نبری

۷۳

هرکه فکر کار و بار و روزگار دارد به سر
کار ما ناز نگار و روزگار ما غم است

۷۴

خال و ابروی نگار است که شاعر شده‌ایم
ما پی واژه و هر واژه پی جلوه‌ای اوست

۷۵

سوز ما سازندگی‌ست مرهم ندار بر درد ما
آب ریختن روی آتش حاصلش خاکستر است

۷۶

تا بکی داد زنم سنگ نزنید بر وطنم
چه بگویم که نداند کسی از سخنم

۷۷

به شوق سیر افلاک ناگهان از تن برون گشتم
زدم برهم تمام خویش و چون موجی خرامیدم

۷۸

زبان را رنج نده ساقی، تو را خاموشی می‌زیبد
که جز گفتار دستانت نمی‌آید به گوشم خوش

۷۹

ای عقل باش حیران، نی وصل جو نه هجران
چون وصل گوش داری زان کس که نیست غایب

۸۰

بنده از باب جهان معرفت حاصل کردم
مگر از بابت بی‌معرفتی معترفم

۸۱

ما حریفان و جهان محوطه‌ای پهن نبرد
هرکی هرطور شود وارد میدان نوشش

۸۲

گر نبودی آه ای چشم، من نبودم ژاله‌سان
ور نسوختی آه ای دل، من نبودم ناله‌گر

۸۳

چه می‌رنجی تو ای تَر دیده از نادیدنی‌هایت
کسی از هستی کم دارد که او را ربنایی نیست

۸۴

دوست داشتن دست من نیست دوستان
بلبلان را گل کَشد در بوستان

۸۵

از خوب و بد جهان چنانی گذریم
چون عمر که از میان ما می‌گذرد

۸۶
من از زجر ذلالت آور زندان دانستم
به خالق گر نگردی بنده گردی بنده‌یی مخلوق

۸۷
ساقی مراقب سرهای ما نباش
دستی تکان، بسته نماند سر خُمی

۸۸
گر تو را مسلمانی سجده باشد و تسبیح
پس ز تو مسلمان‌تر جمله بت پرستان اند

۸۹
چنان نوشیده چشمم ساغر مغموم آن مغرور
شراب از دیده می‌ریزد بجای قطره‌یی اشکی

۹۰
دهان دیده بگشا و جهنم را تماشا کن
چه دیدن دارد این آتش که در آیینه می‌سوزد

۹۱

فروتن باش اگر خواهی ره منزل بپیمایی
که تا سر خم نگردانی نیابی سجده‌گاهت را

۹۲

عیان است گردش گردون که دارد محشری در پی
چه انجامی خواهد داشت چنین چرخیدن چشمت

۹۳

هرکسی ساز خودش را می‌زند
هوش‌دار تا رقص خود را نشکنی

۹۴

ای ملاآخر گریزان کردی از خالق تو خلق
آفرین باد ات رسیدی بر مراد دل کنون

۹۵

دهن بربند نگو حرفی گر از من جان می‌خواهی
که جان من تویی جانا نخواهم داد جانم را

۹۶

هرچه می‌خواهی بخواه اما نخواه جان مرا
غیرِ من هیچی نداند جان من تنها تویی

۹۷

ای جماعت از جهان حاصل تُهی‌ست
بوسه بر دستان هر جاهل زچیست

۹۸

توهم یک باوری داری منم یک باوری دارم
او هم یک باوری دارد جهان انبار باورهاست

۹۹

همه از درون دل رفت هوس تو هیچ اما
چه به گوش دل نواختی که نیاید از تو بیرون

۱۰۰

از دلم دور شدم دست خرد رفت ز من
آمدم تا به خودم دل دگر آن خانه نبود

۱۰۱
بهارا، گلعزارا، لاله‌زارا
گلی بشکف، لبخندی بیارا

۱۰۲
هرکی دستاری ببست و خون ریخت
نوبه دستار ما آید شرابی سرکشیم

۱۰۳
ای که در هردو دست جام داری
از کجایی و چه نام داری

۱۰۴
میان سینه‌ام سوزی‌ست که سازش را نمی‌دانی
زبان‌بازی نکن ای لب زبانش را نمی‌فهمی

۱۰۵
با جور تو بنیاد نهادیم محلِ دل
آباد دلی گر شود آن بهر تو ویران

۱۰۶
گر از مهرت نمی‌داند کسی، دانم
میان سینه سنگ دارد جای قلب

۱۰۷
عالم همه در نگاه او رنگین است
چشمی که به ناز نگه کند گردون را

۱۰۸
من از بیدل‌شناسی‌ها گذشتم
نه هر دل‌دار بیدل می‌شناسد

۱۰۹
گناه‌گر را گناه این است که از یاران نمی‌رنجد
اگرچند جای آب در ریشه‌هایش شوکران ریزند

۱۱۰
سراغ خویش رو ای دل که از ملامت عاشقان
به هرکجا قدمی می‌نهیم ره رهایی نیست

۱۱۱
به کجا روانه گردم، به کی گویم از غم دل
که چه‌ها ندیدم از تو، که چه بر سرم نمودی

۱۱۲
در چشم من اگرچه نور دیده نیست
لیک بینمت که دست به دستی فشرده‌ای

۱۱۳
باید گذشت کرد و ندید و برفت و خفت
از نزد آن‌که موهبت عالم ندیده است

۱۱۴
از هرکجا دل برکنم سوی تو اش آرم که تا
در قبله‌یی چشمان تو بنیاد نهم محراب را

۱۱۵
به ستم‌گران بگویید که ستم روا ندارید
که ستم روای عادل بلد است ستم نمودن

۱۱۶

برو ای خاک پژمانم خراسان را فراموش کن
که هیچ مادر برای تو ابومسلم نمی‌زاید

۱۱۷

نبین از بینش بی‌دانشان بر دشت دشواری
که آسان منصرف گردی تماشای دوگیتی را

۱۱۸

نرنج از گردش گردون کج‌گردش
تلاش آب از آسیاب گردی نبردارد

۱۱۹

بیا موجی شویم و سنگ بشگافیم
تماشا تابکی این خاکِ خونین را

۱۲۰

کافران در نزد مایان کافرند
لیک ما در نزد حق کافتریم

۱۲۱
زندگی جهل است گر رامش شوی
لیک انعام است گر رامش کنی

۱۲۲
لرزشِ بید نباشد اثرِ تندیِ باد
ننگ بی‌مثمری است موجب لرزیدن آن

۱۲۳
بیشک اگر تیشه به طفلی عطا شود
چوبی تراش کرده و آن را خدا کند

۱۲۴
به جنازه‌ام نه شیخی، و نه زاهدی بیارید
که خود از درون آتش نتواند او کشیدن

۱۲۵
شن نگردد سنگ، سنگ است اصل او
حالیا اولاد پیغمبر که پیغمبر نشد

۱۲۶
پخته کن اندیشه را در آتش مهر و هنر
جای خامان پا نهادن، کژروی‌ست و گم‌رهی

۱۲۷
هزاران سنگ برچیدند و یک دیوار آوردند
بنای کاخ عیاران دگر معمار می‌خواهد

۱۲۸
به دست کودکی کبریت دادند در دل جنگل
که با جان هزاران مورچه با آتش کند بازی

۱۲۹
این‌قدر عیبم که بالی نیست در بازوی من
گرنه فکر آدمی بالاتر از قو می‌پرد

۱۳۰
چسانی زندگی، چیستی، چه کاری با بشر داری
لب نانی ز تو ناخورده سیرم کرده‌یی از خویش

۱۳۱

نمک بیش از نیاز مزه در دیگ بشر ریختی
ز بس ای زندگی شوری نیایی از گلو پایین

۱۳۲

به نرمی رو اگر خواهی به دل‌ها راه پیمایی
که آب تُند نمی‌گیرد قرار در کاسه‌یی هموار

۱۳۳

تنها نه دین خدا را فروخته اند
حتی که دست بلا را گرفته اند

۱۳۴

طِراز چهره‌یی جانش شدم اما ندانستم
که طَرز صورت او چهره از دنیا گرفتن بود

۱۳۵

بین غلط‌پنداری دانش‌وران درس عصر
باور خامی که ما در سر همی پرورده‌ایم

۱۳۶
در همه با همزبانی بی‌زبانیم و سکوت
آه چه بی‌اندازه دور است قلب آدم از زبان

۱۳۷
دگر کار تو نیست باریدن ای ابر سیه این‌جا
زمین را بس همین آبی که از چشم بشر آید

۱۳۸
طریق آسمانی‌گشتن از مرگ عاریت کردم
نمیری تا در این گردون رها از مرگ نخواهی شد

۱۳۹
از دلم دور شدم دست خرد رفت زمن
آمدم تا به خودم دل دگر آن خانه نبود

۱۴۰
آری ای دل تو میان همه دل‌ها دگری
جغد صحرا نشود مرغک زیباسحری

۱۴۱
من مانده‌ام در جاده‌ها تنها بدون سایه‌ها
محفل به محفل می‌روم در لایه‌یی افسانه‌ها

۱۴۲
طواف کعبه‌یی دل کن اگر مسلمانی
ز کفر حاجی اگر دانی حج نروی

۱۴۳
کشاورزان کشاورزان کشاورزی‌ست خون‌ریزی
ایام ایام چنگیزی‌ست چنگیزی‌ست چنگیزی

۱۴۴
ساقیا مست کنید واله به رقصم بکشید
آتش از سینه‌یی پروانه‌پرستم بکشید

۱۴۵
تو از طوفان می‌لرزی من از انسان امروزی
تو از سیلاب ویران‌گر من از انسان امروزی

۱۴۶
خدا هم از خدایی‌کردن این توده دل تنگ است
زمین فرسوده مه آزرده دنیا خون خون‌رنگ است

۱۴۷
این علی‌گویی نه اسرار است نه دین
تا خدا در زیر لب کردی نهان

۱۴۸
مرگ به جولان نبرد شهرت دیرینه‌ای را
آنچه ز عشق می‌رسد، رفتنش پایندگی‌ست

۱۴۸
تو از دیروز و این دیروزیان یک روز امروز شو
به فردا می‌رسی امروز اگر دیروز بگشادی

۱۴۹
ز موجی ناله می‌خیزد که من کوبیده‌ام بر کوه
رها از سینه‌ام آهی‌ست که دل می‌کوشد از اندوه

۱۵۰

در گذر تفنگ و دود زورِ قلم نمی‌رسد
در پی این‌همه شتاب ذره قدم نمی‌زند

۱۵۱

تا نشان عدل دارد آبرو در کارزار
ابرو کی خم می‌کند از زخم تیغ روزگار

۱۵۲

منبر واعظ اگر تا آسمان دیوار شود
نردبانش آخر از سه پایه بالاتر نرفت

۱۵۳

ای ملا کافر نمودی با مسلمانی تو خویش
هرکسی سگنین‌تر است سخت‌تر زمینش می‌زنند

۱۵۴

لرزش بید نباشد اثر تندی باد
ننگ بی‌مثمری آرد به تنش لرزه‌گکی

۱۵۵
بکوش در پیاله‌ساری‌ها و سرمستی
که شب سر می‌رسد شام دیگر دور است

۱۵۶
مرا از حبس زندانت رها کردی بجا اما
بگو کی از طناب داغ هجرانت رها سازی

۱۵۷
من آب حیات تاک انگور خواستم
در کاسه‌یی عمرم از چه آبی ریختی

۱۵۸
بت محراب چشمم ساختمت تا در پرستیدن
به سر بالا شوم سر پیش پای دیده بگذارم

۱۵۹
خدا از گِل بنایی کعبه کرد تا دور آن گردی
تو هم دل را بنا کن تا خدا گردد به دور تو

۱۶۰
روزگارا هرچه آری بر سرم آنت خوش است
هم شکست کشتی و هم موج طوفانت خوش است

۱۶۱
ز کسر قامت مژگان کجا خم می‌شود ابرو
دهن می‌داند و بار گران آه‌کشیدن‌ها

۱۶۲
در دامن سیاهی شدم سایه‌یی بزرگ
ره می‌رود زمانه به تندی به فرق من

۱۶۳
دل ز بیدل خاست آهنگ سرآهنگی نواخت
تا شنید این نغمه عقلم از کویر سر پرید

۱۶۴
پشت‌وپهلوی جهان از هویت آدم تهی‌ست
آنچه این نادار دارد جز-دو-سه شاعر نبود

۱۶۵
همه خرابِ تو بودند و ره‌روِ تو
چگونه این‌قدر آسان خراب دیگری گشتی

۱۶۶
از قضا بود که من عادتِ طفلی نبرم
گرچه پیرم ولی کودکِ شِیرم هنوز

۱۶۷
بینش از فکر است نی از غربیان
بکر بیندیش و بپر پیش از کسان

۱۶۸
سراغ زندگی جستن خیال خام کم‌دل‌هاست
تو خود سازنده‌ای تا زنده‌ای در جستجوی خویش

۱۶۹
گوشه‌یی دامن ما ناشده خشک، ابرِ دگر
آه که باران چقدر زود در این شهر می‌بارد

۱۷۰
چنان بشکسته سنگ چهره‌اش آیینه‌یی چشمم
که تا خم می‌شوم دیگر نمی‌یابم نگاهم را

۱۷۱
دیدم خری را به خری طعنه‌زنان گفت
در گور چنین گوشِ درازی که تو داری

۱۷۲
طبیب گفت که جز دوای تو مَی نیست دردمندا
بگو که چیست حکمِ تو اکنون خداوندا

۱۷۳
شاید به وصالی نرسیدیم و رسیدم
جایی که دگر برنتوان گشت دل خالی

۱۷۴
صد ره زدم و درب لبی را نگشودم
خوابی‌ست که با دیده‌گشایی نشود دور

دوبیتی‌ها و رباعیات

چرا با مرغکان درگیری ای قو
نزن آتش که درمی‌گیری ای قو
برو دریا که دریا دلبر تست
بمیر آن جا اگر می‌میری ای قو
***

ماتم آیینه است و عصر سنگ
میهن زیبای ما گم کرده رنگ
تاک و توت باغ آن آتش گرفت
در کف بوزینه افتاده تفنگ
***

در کعبه سکونیم ولی قبله نداریم
معمور زمینم ولی شعبه نداریم
در وسعت ره گم‌شده‌ایم ره‌بلدی کو
مطرود شده‌گانیم و آیینه نداریم
***

من آن مقبل که سودش جز هنر نیست
هنر جز مهربانی‌ها دگر نیست
نترسم از هجوم خیل زاغان
که در قاف هنر ما را ضرر نیست
***

الا ای ماهیان رود آشنا
الا ای مرغکان دود آشنا
ز من آگه نگردی تا نگردی
به گرمی آتش نمرود آشنا
***

دف زنید و کف زنید در انتظار
می‌رسد از بعدِ پار اینک بهار
دامن از گُل پُر کنید ای عاشقان
گُل بریزید در قدم‌های نگار
***

ساقیا صهبای نوروزی بده
جام مستی وگُل‌افروزی بده
عاشقان را مبتلای غم نساز
دلبران را درس دل‌سوزی بده
***

می‌درد گوسفند گرگ را ای دریغ
ای عجب عیبی گرگ را ای دریغ
ننگ باید کرد و بینی را بُرید
بعد این نفرین گرگ را ای دریغ
***

هرکی از جام لبان تو چشید
خمیه از گلشن دنیا بکشید
آنکه زین باغ گذاری زد و رفت
هرکجا رفت به جایی نرسید
***

حاشا که من از زمانه دل تنگ شوم
با سینه روم اگر ز پا لنگ شوم
گیرم که زمانه زل زد و خاکم کرد
برخیزم و در کرانه‌اش سنگ شوم
***

گویی که پرندگان بی‌بال و پریم
از شاخ بلند آرزو بی‌خبریم
ارچند ز رگ رگش شراب نوشیدم
با تاک رقیب و هم‌زبان تبریم

***

گفتم به بهار که از برم کوچ کند
تا مهر تو از برابرم کوچ کند
پاییز شود کنار و دور و بر من
برگ برگ خیالت از سرم کوچ کند

***

نه به زیبایی تو دیدم قمری
نه تو را است به دنیا دگری
به جمال، خالی ز تو گلشن و باغ
به سخن نیست تو را گفته‌گری
***

به قلب خفته‌گان راهی ندارد
به ره بی‌باوران باری ندارد
عصایش همره ایستادگان است
به خاک افتادگان کاری ندارد
***

برگرد که سلامتِ وطن برگردد
پروانه و سرو و یاسمن برگردد
برگرد و قلم بگیر و قَولی بنویس
اوراق و صحیفه و سخن برگردد

***

تو مهتاب شب تنهایی من
چراغ کلبه‌یی آبایی من
بیا و مجمر دل را بیفروز
فروغ انجمن‌آرایی من

***

دل خونین لاله را دیدم
یادم از ناله‌های خویش آمد
ای دلی لاله‌خوی خونینم
چه گذشت برسرت، چه پیش آمد
***

با کی شینم دمی ترانه کنم
چنگ به دست وگیرم چغانه کنم
با کی گویم بهار چه می‌گوید
چه به این دل بهانه کنم
***

هر طرف برگ و لاله می‌جوشد
غنچه برخاست و جامه می‌پوشد
عشقه‌ها پیچ پیچ از لب تاک
شیره‌یی شادیانه می‌نوشد
***

از کوچه به انتظار ماه ایستادم
صد راه گذشتم و به راه ایستادم
شب زنده‌گران باخدا می‌دانند
شب تا دم جلوه‌یی پگاه ایستادم
***

آوازه‌یی رفته‌گان پار می‌آید
شب می‌رود و سحر به بار می‌آید
تخت سیه تباهی را می‌شکند
خورشید دوباره روی کار می‌آید
***

این رود عزیز و خوش‌سخن می‌گذرد
چون عمر که از کنار من می‌گذرد
این سایه ز شاخه‌های برگ‌ریز شدنی
نور اجل از روزن تن می‌گذرد
***

باران چه عزیز و محترم می‌گرید
شبنم به غم دراز نم می‌گیرد
من هم که به خود نظر کنم می‌گریم
بر گریه ما دوچشم غم می‌گرید
***

سر از بی‌باوری بیرون کن ای دل
دل بی‌باوران را خون کن ای دل
بسوزان قلبه‌یی این سنگ‌دلان را
چنانی با تو کردند آن کن ای دل
***

خروش موج زیبا آمدستی
غرور مرد دانا آمدستی
شکوه رادمردان نواندیش
طلوع صبح زیبا آمدستی
***

به غم کوهی کلان دارم نشانه
به اشک آبی روان دارم نشانه
اگر اندازه‌یی دردم بپرسی
کران‌ها تا کران دارم نشانه
***

وجودت رخت خواب زندگانی
شراب ناب ناب زندگانی
نمیرد آن که آبی خورده باشد
از آن یک قطره آب زندگانی
***

دو چشمت جلوه‌گاه مهربانی
کنارت خواب‌گاه زندگانی
وجودت عارفان را معبد عشق
نگاهت جام تلخ شادمانی
***

بشنو که دهان دهان کلامی دارم
برخوان جهان جهان پیامی دارم
من مرغ بهشت و دوزخ و کعبه نیم
در لامکان مکان مکانی دارم
***

جهان گر چون منی تو رنگ داشتی
ز رنگ صورت خویش ننگ داشتی
تو گر جای منش بار غمت بود
چو داسی قامت خود چنگ داشتی
***

ای که در پیچ و تاب پیچیدی
خویش را هم طناب بندیدی
شد از آن روز نصیبت این مرداب
چون گلی روب آب خندیدی
***

گر خدا خواهی بجو او را ز خویش
تا نجوی خود نیابی یار خویش
دیده از دیدار دونان بر بدوز
چون تو خود گنجی میان جان خویش
***

ای پسر بگذر از این دیوار پست
بی‌خودی را هم نشانی‌های هست
گر گذر از ساحل مستان کنی
بی‌گمان آید تو را دریایی مست
***

باطنت خالی و عقلت در خلل
توشه‌ای خواری گرفتی در بغل
خورده‌یی خود را تو با این بی‌خودی
گرچه شیرینی نه‌ای جانم عسل
***

از چنین آزاد زیستی بلهوس
بهتر آنی بند باشی در قفس
خود فروشی گر بود آزادگی
بس چنین سودا و این بازار بس
***

تیر مژگان می‌زند با هر نگاه
می‌نشاند روی خاکم بی‌گناه
از چنین صیاد بی‌رحم ای خدا
می‌برم یا صاحبا بر تو پناه
***

بیا ای برگ زرد از چنگ گریزیم
بیا نقاش شویم و رنگ بریزیم
تو مطرب باش و من رقاصه‌ای تو
نوای جنگ بی‌فرهنگ بریزیم

***

دلبری را دیده‌ام در اصفهان
گشته بیمار رخش نصف جهان
برده دل‌ها از بخارا تا به بلخ
هرکی می‌گوید سخن با این زبان

***

بیا ای برگ سبز پاییز باشیم
بریزم رنگ رخ رنگ ریز باشیم
ببوسیم صورت زرد جهان را
ز عشق زندگی لب ریز باشیم
***

در این صحرای غم گم‌راه گشتم
که تا با این برادر راه گشتم
نصیب من نشد دیدار رویش
شدم یوسف درون چاه گشتم
***

تو ای صورت‌گر گردون
بت‌ام ساختی در این جیحون
نمی‌گویم چرا ساختی
ولی رنگم نکن از خون

***

مهتاب دلم چرا به بند افتیدی
در ابر کی پیچیدی و چند افتیدی
دانم مه من ز راز افتیدن تو
فرهاد شدی به دام قند افتیدی

***

دو تا سرحد بکش در کشور من
یکی از خود بساز و دیگر از من
بیا آزاده در خاک و دیارم
عبور از خود بکن در پیکر من
***

بگذار همه را ز باده سرمست کنم
جام و قدح و پیاله بر دست کنم
این کهنه جهان خرابه و نیست شده
از عیش و نشاط جهان نو هست کنم
***

اولین و آخرین ای رازقین
انس و جن را می‌دهد نامت یقین
غافلین هرکز نیایند راه تو
دامنت پیوسته گیرند عاقلین
***

مستی ز شراب آتش آموخته‌ایم
در ساغر خود شراب دل ریخته‌ایم
دیگ نظر است غذای اندیشه‌یی ما
در آتش آفتاب دل سوخته‌ایم
***

ما ز معنی لفظ را انداختیم
کاخ معنی را چه زیبا ساختیم
در قمار لفظ و معنی ای خوشا
بهر معنی لفظ‌ها را باختیم
***

از چشم ترم زمانه جیحونی ساخت
جیحونی ساخت ولی دگرگونی ساخت
در کاسه‌یی سر برای ما آبی داد
از آب زلال و پاک ما خونی ساخت
***

جهان آینه‌یی کردار آدم
گهی درد و گهی تیمار آدم
از آن روز درد سر آمد فلک را
که افتید کار او با کار آدم

***

نیست ما را زندگی سودای خانم
تا ز ناکس‌ها بگیریم انتقام
ما درفش‌داران میدان هنر
عشق داریم جای شمشیر در نیام

***

بیا تا نو‌جهانی را بسازیم
قشنگ رنگین‌کمانی را بسازیم
جهنم را به آتش نیست سازش
بهشت جاودانی را بسازیم
***

نوروز اسیر شیطانی شده
ایام شکفتن پریشانی شده
رخسار زمین ز لاله سرخی دارد
گویی که بهاری قربانی شده
***

هرچند که پدید دوباره گردید سحر
از رفتن شب کسی نگردید خبر
چون دید سحر به خفتگان هم‌نظریم
بگذشت و ز بیداریِ ما چید نظر

***

بگو از صدق دل الله اکبر
بیاور گرز فولادین و خنجر
عیاری کن که رادمردان تاریخ
سر خود می‌دهند اما نه سنگر

***

گویند کسان بهار حرام است حرام
گفتم حلال کدام کدام است کدام
جهلی که مراقب نگاه‌های شماست
از من به شما هزار قالو سلام
***

شاید که ددی به ده ما آمده است
احوال بدی به ده ما آمده است
گویی که گُلی به سنگی هم‌خوابه شده
زناءولدی به ده ما آمده است
***

بهاران رنگ دیگر دارد امسال
نمی‌پرسد گلی از بلبل احوال
به بی‌میلی دهان وا می‌کند گل
نمی‌بینم گلی را شاد و خوشحال
***

شد فصل بهار و غنچه‌یی تازه نشد
خون از رگ گل چکید و آوازه نشد
در شهر و دیار دیگران سیزده‌ء بدر
صد گل فنا شد و ولی سیزده نشد
***

بی‌باغ شدند پرنده‌های من و تو
افتید و شکسته شد صدای من و تو
من بلبل و تو گلی که در حین سفر
در بند خسی فتاده پای من و تو
***

کوچیده گل و چمن خیالی مانده
در ده‌کده رنج و گنج خالی مانده
از آن همه لاله‌های رنگین بهار
تنها خس و خار و برگ شالی مانده
***

در سوگ بهار و باغچه‌وگل
در ناله فتاده است بلبل
بس سینه‌ای این بهار تنگ است
بیرون نشود ز ساقه سنبل
***

گرزی به کمر به قصد جان آمده‌ای
بر دل همه زنگ و چرب‌زبان آمده‌ای
با حیله و مکر و کینه و بغض و نفیر
بیگانه صفت چه ناجوان آمده‌ای
***

من از دریا و ساحل رو گرفتم
دیگر با دشت و جنگل خو گرفتم
ندارم میل شهر و قریه و ده
که از باغ محبت بو گرفتم

***

نفرین به سبک‌سران ساحلچه‌ای ما
نفرین به رفوگران آیینه‌ای ما
شیری که به پای روبهی می‌پیچد
صدمرتبه بِه ز آن سگ جوجه‌ای ما

***

ای آی محبوب پیراهن کبودم
ایا ای معبدستان سجودم
ایا ای کعبه‌دار شهر شاعر
ایا ای سوژه و ساز و سرودم

***

بیا تا عشق برپا کرده باشیم
گره از غصه‌ها وا کرده باشیم
بیا باهم ببندیم رخت این شهر
سفر تا ناکجاها کرده باشیم

***

ربودی با نگاه ایمان آهو
خجل از مژه‌ها مژگان آهو
قدومش ناله دارد پیش پایت
چه می‌خواهی مگر از جان آهو

***

عجب آیینه روی خواب دیدم
ندیدم خواب و من مهتاب دیدم
پرستش می‌نمودش صدستاره
مکان معبدش در آب دیدم

***

دریغا سهل و آسان مرده‌ام من
غم هجران جانان خورده‌ام من
به دست خویش تابوت خودم را
به گورستان سوزان برده‌ام من
***

بریز ساقی بکن از باده مستم
رها گردیده ایمانم ز دستم
از آن روزی که دیدم خال هندو
خدا را مانده‌ام بت می‌پرستم
***

هوا با بال مرغان آشنا نیست
سفر بی‌هم‌سفر راه خدا نیست
بیا برگرد از این بی‌راهه رفتن
مسیر عاشقی را انتها نیست

***

با جرعه شراب عشق مستم کردی
از کعبه برون و بت پرستم کردی
صدمرتبه مرگ سراغم آمد اما
دادی نفسی دوباره هستم کردی

***

مرا از طرز شاهین پر بیاموز
به فرق قله‌ها دفتر بیاموز
زمین‌گیر گشته مرغ جانم ای دوست
برایم طاقت دیگر بیاموز
***

دلم امشب خمار چنگ و تار است
مرا اکنون یکی مطرب بکار است
بپرسید ساقی می مذهبم را
چرا در گلشن ما جشن خار است
***

دوچشمش را بیابان دوخته نقاش
به قلبش شعله‌یی افروخته نقاش
چو ابراهیم به این نمرودستیزی
جهانش را به آتش سوخته نقاش

***

خوشا دریادلان را عاشقان را
خوشا پروانه‌واران جهان را
حریم جان شان گردیده گردون
خوشا جان‌باخته‌گان جاودان را

***

خویش هم‌راز دل دیوانه شو
شعله‌ور شو اندکی مستانه شو
پیش آتش دم نزدن آزاد باش
یک دمی پرپر کن و پروانه شو
***

نیست آسان سیر دریاوار دل
موج می‌فهمد فقط اسرار دل
آفتابی‌ست نور آن سوزنده‌تر
است آتش سوز آتش‌بار دل
***

ارچند دل از دست دلم غرقه‌یی خون است
اما چه کنم دست خودم نیست جنون است
دستش بگرفتم و به عقل‌اش دادم
هیهات کشید و گفت ز دست بیرون است
***

گر بهار نیست هوایش به کنار است هنوز
گر زمین لاله ندارد گل خار است هنوز
ابر بی‌حوصله از بی‌کسی‌ها اشک نریز
ماه اگر نیست ببین این شب تار است هنوز
***

زمان در کف و نفس در بدن
غنیمت شمر تو این گنج تن
از این باغ فرصت ستان لاله‌ها
که فردا گر آید نماند چمن

***

از مرگ نترسم که سزاوار من است
یاری است از قدیم وفادار من است
چند روز فراق مرا زیادش نبرد
یعنی کسی‌ام که او طلب‌گار من است

***

از می‌کده یاد یار می‌آمد دوش
گویی که بهار بهار می‌آمد دوش
سالی شده رفته یار من از نظرم
دیدم دوباره پار می‌آمد دوش

***

ای فرو مانده در خیال و هوس
ای گرو کرده خویش میان قفس
عمر چندان تو را دهد زهری
تا نفس داری در نفس، بنفس

***

عاقلان را صلح با تن آرزوست
تن اگر دشمن شود جان در عُقوست
خویش را جستن خدا را جستن است
خویشتن‌داری سزاوارتر از اوست
***

ای رفته به زیر خاک نام تو چه بود
دانی که ز زندگانی کام تو چه بود
هشیار اگر بدی چه جهدی کردی
گر مست بدی بگو که جام تو چه بود
***

روزی من از این جهان سرد خواهم رفت
از شهر پر ازدحام درد خواهم رفت
نَی ساز شود اگر سرش را ببرند
مرد آمده بودم و مرد خواهم رفت

***

لباسی بوی یوسف داشته باشد
دو چشم بسته بینا می‌نماید
هر آنکس مهر یوسف را گزیند
همه عالم زلیخا می‌نماید

***

دعا گفتم ولی آمین نیامد
کشیدم آه و آه نفرین نیامد
چه‌ها از دست بی‌دستان دیدم
ز دستم آمد هرچه کین نیامد

***

زلالی جستم اطراف جهان را
ترازو کردم ادیان زمان را
نه سنگین‌تر ز دین آب دیدم
نمی‌سنجد زبان تشنه‌گان را

***

جم خونابه را باید که بشکست
لب پیمانه را باید که بشکست
ننوشید این می آلوده دیگر
صف بیگانه را باید که بشکست
***

ترازوی عدالت روی میزت
اما مجرم ز دستت می‌گریزد
کف آب‌گیر اگر غاری ندارد
چرا آب از کفش بیرون بریزد
***

چهره‌ام نیست آنچه در آینه است
پشت هر لبخند من صدگریه است
آشتم سوزم گدازم شعله‌ام
دیده‌ام تا دیده‌یی را دیده است
***

ترک مه و ما و مهربانی کردی
ای نور دو دیده ناجوانی کردی
از من که جوان شه‌سواری بودم
یک مرد غریبه و روانی کردی
***

هر جلگه که در نظر رسد جلوه‌ای تُست
هر غنچه‌یی گل که بِشکُفد خنده‌ای تُست
ای رویشِ بی‌دلیل و آرایش دشت
آواز پرنده‌های باغ نغمه‌ای تُست

***

یارب قلمم شکسته بِه گر من خام
خط بر ورق ستیزکاران کشم
کم باد ایام عمرِ بیهوده‌ای من
گر منت حاکمان دوران کشم

***

چو من ای جهان گر تو رنگ داشتی
چو داسی کمر چنگِ چنگ داشتی
تو گر جای من بودمی لحظه‌ای
از این بار منت تو ننگ داشتی

***

عشق است جهان منظم و موزون است
مانند تنی که از نظام خون است
گر عشق نبود، فتاده بود سقف کبود
این چرخ بسی سرکش نا موزون است

***

زمان در کف و نفس در بدن
غنیمت شمر تو این گنج تن
از این باغ فرصت ستان لاله‌ها
که فردا نه گل پاید و نی چمن

***

گفتم از عشق مرا سوخت بدن
رفتم از هوش به آغوش وطن
هرکسی عاشق چیزیست و من
عاشق خار و خس و خاک وطن

***

دی‌شب کنار ساحل دل چنگ می‌زدی
از حسن خویش بر رخ مَه سنگ می‌زدی
رقصیدی روی آیینه‌یی آب چشم من
با پای موج کوبیدی و زنگ می‌زدی

***

باری به چمن گذر کنی شاد شوم
تو غنچه‌یی گل شوی و من باد شوم
لرزان لرزان ببوسم از برگ لبت
از قید هوای غصه آزاد شوم

***

چیست فرق صوفی و ملا و من
منبر او چوب و از من هم دمن
او دهن را مصرف خوراک کرد
من دهن را کرده‌ام خرج سخن
***

کیست ملا آتش سر سوخته
او خدا از تیغ و خجنر یافته
جز بریدن نیست کارش دوختن
از دمش خون صنوبر ریخته
***

مغرب آن زن صورتی آراسته است
شاد بنماید ولی بس خسته است
ظاهرش زیبا و چشمش حلیه‌گر
از درون در آتش خود مرده است
***

فروغ انجمن دیگر خموش است
نه بر دریادلان عزم خروش است
شدم آب و ز چشم خود چکیدم
که دیدم دست ما در دست بوش است
***

امان‌الله که افرنگ آرزو کرد
به گل کشتی آزادی فرو کرد
ندانم این سبک‌سر با چه عهدی
طناب دار را خود در گلو کرد

***

اگر تدبیر پیغمبر ندانی
نباید خادم دینش بمانی
سواد رهبری آموز و بعداً
بیاور از رسول‌الله نشانی

***

در غداری نادر و یک‌تاز بود
در غلامی هم‌چنان ممتاز بود
دست او در خون قرآن تر بشد
دشمن پیمان و عهد و راز بود

***

دهان خود گرو داد و سخن گفت
دهن بگشود و حرف اهرمن گفت
ز وهم ترقی ترکید ترکی
به دشمن قیمت خاک وطن گفت

***

زعیم مملک چون گشت ظاهر
نکرد کاری به ملت جز تظاهر
چهل سال خواب بی‌تعبیر می‌دید
اول شد در جهان اما از آخر
****

بود داوود نغمه‌یی داوود نداشت
آتشش می‌سوخت اما دود نداشت
دامن او پر ز افکار فرنگ
طرح بی‌رنگش وجود جود نداشت
***

داشت افکاری و پیکاری نداشت
نقشه‌ها می‌کرد و معماری نداشت
قامت او از صلیب غت خمید
چون‌که با یمن خداکاری نداشت
***

نمی‌دانی نجیبا از کجایی
تو ننگ سرزمین آریایی
فرو در کام بردی حرف لنین
دلیل فتنه‌های آسیایی
***

به دهل غربیان رقصید و رقصید
به دور دشمنان پی چید و پی چید
به گردن حلقه‌ای پیش‌خدمتی کرد
کف پای کسان بوسید و بوسید
***

نه برهانی نه طوفانی به بر داشت
نه از دین نی ز قرآنی خبر داشت
چه داند رمز و راز رهبری را
کسی کو بر لب نانی نظر داشت
***

تبر بر کور مادرزاد دادند
ورا فن بریدن یاد دادند
بگفتندش امیر مومنانی
درخت دین چنین برباد دادند

***

تو ای مرد میدان و مرد هنر
تو را مام ایام نزاید دگر
فقط یک خراش از تو دارم به دل
که یاران بی‌مایه داشتی به بر

***

نام آن کفتار دانی کرزی است
روبهی مکار استاد وی است
گرگ هاری در لباس میش بود
در گمانش خون ملت‌ها می است
***

غلام حلقه‌گوش بوش بودی
کر از گوش و خراب از هوش بودی
خزیدی و کشیدی خاک از پشت
نه روباهی که حتا موش بودی
***

باده‌یی افلاطونی نوشیده شرق
مغز او در گنده‌آبی گشته غرق
می‌رود ره جای پا با فرق سر
از دماغ می‌نوشد آب او جای حلق
***

جوجه‌ماری در دماغ من خزید
شد کلان بس مغز مغزم را گزید
کربلا سرخ است از روی حسین
رو سیه باقی‌ست تا محشر یزید
***

دو خونین‌لب دیو از دو جهاتی
شدند بیرون و خوردند از حیاتی
یکی دستش به خون مصطفی تر
دگر عیسی بیفکند چون مواتی

***

چراغ نیچه از ظلمت نکاهد
سحر را شام بی‌عورت نزاید
چلیپاها کشد روی چلیپا
هنر از بی‌هنر همت نخواهد

***

از زمین مارکس حاصل برنخاست
جز شراری بر دل آدم نکاشت
شخم او خاری که در پا می‌خلد
داشت رنج و گنجی از معنی نداشت
***

سرمه‌یی افسون چشم داروین
خیره گردانید دو چشم عاقیلن
زاده‌یی بوزینه دانست خویش را
گوهر انداخت آهنی آورد نگین
***

دو خونین‌لب دیو از دو جهاتی
ز دست آدمی خوردند حیاتی
یکی دستش به خون مصطفی تر
دگر خون میسحا در دواتی
***

ردای نیچه آمد از شبیخون
درید اسب خرد را گرگ ملعون
چه آرد بار جز هیتلر دم او
نریزد دانه‌ای بر خاک جز خون
***

ز دانش نیچه را جویی ندادند
برایش دانه‌یی مویی ندادند
کمانی داشت اما تیر او را
به مقصدگاه تکاپویی ندادند

***

به دست من اگر تیغی قضا داد
نخواهی دید زنی دیگر ملا زاد
ز دستش گیرم آیین و رهانم
به آنجایی که تا گردد خدا شاد

***

اگر اسب ملا پیش‌تاز بازی‌ست
اگر چابک‌تر از آلمان نازی‌ست
نباشد از هنر ممتازی او
دو پایش در رکاب حیله‌بازی‌ست
***

خردمند خردوانی گر نداند
ولی اسب خرد را می‌دواند
نه چون ملا که آهوی سیاست
به پیش چشم گرگان می‌چراند
***

ای درآ در من که در من نیستی
گر تو از من نیستی پس کیستی
من که خود گم کرده‌ام در جسم تو
تو به دنبال خودت در چیستی
***

ای میا در من که از من نیستی
من که در خود کاملم پس چیستی
مصلحت کو محرمی نامحرمان
دَر ببند و باز گو تا کیستی
***

زنخ پرریش و ذهنش پر سوزن
برید از کار خود پیچد بر من
زد از بن برکشید کاج رهایی
اهورا بست و کرد اهریمن ایمن

***

شدم تا از قضا مهمان جهان را
چشیدم طعم دیگ واعظان را
ز شوری کام ایمانم خراشید
نیامرزد خدا این آشپزان را

***

بسته با دستار خود دست خدا
ریخته در خاک خون پاک مصطفی
زیر آستین کرده پنهان تیغ کین
تا خدا از بنده گرداند جدا

***

آن تهی‌مغزی که دین می‌پرورد
می‌فروشد پا و نعلین می‌خرد
رو به کعبه کرده اما قلب او
دور دور لات و هبل می‌دود

***

جدا کردم ره از راه کلیسا
بدیدم جلوه‌یی روی مسیحا
رساندم دل به دریایی محمد
که تا از دل بریدم مهر ملا

***

نوای دل‌کش پیغمبرانه
نیاید خوش به گوش این زمانه
رباب دین چو افتید دست ملا
دگر سوزی ندارد این ترانه

***

برفتم کعبه خوش سازم خدا را
به سنگی دست زدم سر زد ندا را
مرا بر فرق خود زن پیش از آنی
که سویی اهریمن اندازی ما را

***

نه از دوری نَی‌ای اسرار گرید
رباب و نغمه و گیتار گرید
ز دستم اختیاری نیست در کار
چه سان خندد دلم چون تار گرید

***

نمی‌گویم سخن من یار گوید
همان گوید که آن دل‌دار گوید
نفس بی‌هم‌نفس کی گیرد آرام
سرم صبری ندارد دار گوید

***

ز چوب خشک اگر این نغمه خیزد
ز سنگ سخت اگر آیینه خیزد
چرا دل با همه نرمی نیاید
که از وی در جهان هنگامه خیزد

***

شاه گم‌شدهٔ شطرنج

نیمایی و سپیدسرودها

۱
اشک‌های من سیل شدند
جاری شدند
و مرا هم با خود بردند

به هر بوته‌ای که دست زدم
از ریشه آمد بیرون
و تن هر درختی را بغل کردم خمید

دست هیچ آدمی به دستم نرسید
فریادم را موج‌ها نوشیدند
و آذرخش بهانه‌یی بود تا گریه‌هایم را شناوران روستایی نشوند

نمی‌دانم در کدام سنگلاخی
زیر چه انباری
گیر کرده‌ام
آیا ره‌گذری مرا خواهد پیدا کرد

۲
گذشته‌ام
از هفت خوان رستم گذشته‌ام
و از کنار هزار باغ درخت بادام
تا برسم به زیبایی چشمان تو

تهمینه‌یی تنهای شهر!

من
تو را به زیبایی سمنگان
دوست دارم

۳
درها باز بودند
ما به قفس عادت کرده بودیم

۴
کسی از چشمان تو سوی من می‌گریخت
و بقچه‌یی از خانه‌یی احساس تو
زیر بغل داشت
شاید دلت را به من می‌آورد

۵
تا دیگر باری برایت بمیرم
دیر است
اکنون که جانی در لب دارم
می‌خواهم ببوسمت
و در نفس‌هایت بپیچم

۶
باران را در کف دستم
به میهمانی چشمانم بردم
وقتی برمی‌گشت
جهان خشکیده بود
و من دنیا را در لحظه‌یی نبود آب دیدم

۷

نوشیدم
و باز خواهم نوشید
اشک‌هایم
بوی دهان شراب‌خانه‌یی شرق می‌دهند
که ساقی‌اش در پستوی زندان محتسب
تسبیح دانه می‌کند

۸
خاموشی آهی‌ست
که از گلوی فراموشی نفس می‌کشد
و چیز من‌گونه‌یی را
پیش از طلوع آفتاب
در چهار راه تاریخ
به دار می‌آویزد

۹

قصه‌ی شب نه چنان است دراز
که به پرواز پرستوی مهاجر برسد
داغ ما نیز همین است که شب
آنقدر نیست که غم‌های بشر را بتوان ساده در آن یک شبی آنهم که چراغ را
پر پروانه ز سوختن پشیمان کرده‌ست، نوشت

کاش فردا نه دگر دغدغه بود
تا همان یک‌قصه‌یی نیمه‌یی شب‌های پسین را به قلم بار نمود

کاش ما را به جز این کار نوشتن رقم دیگری تحریر هنر بود که نیست
کاش با ما به دهان چیزک گویاتری جای زبان می‌چرخید

آه که این آسیاب چقدر کند می‌چرخد
و چه اندازه بزرگ است جوال قصه‌های غم دنیای بشر

۱۰

آبرو تاج ندارد که بر سر می‌نهی‌اش
آفتاب ماه به بندآمده‌یی روز سیاه من و تست
آه از آهنگ دراز و پر کوتاه پرستوی پرافشانده‌یی عمر
چقدر بال کشاید که رسد بر قله‌یی دغدغه‌های دل خویش
به اچه اندازه نشیند سر آتش که از آن
پر بکشد ققنوسی

منزل آدمی دور است و ولی پای بشر کوتاه‌تر

۱۱
مستم از می‌خانه‌های پارسی
مستم از پارسی چو می‌خوار خرابی
کوزه‌ها بشکسته
می‌ها خورده است
مستم از نوشیدن جام شراب این زبان
این کهن دریایی عشق

کو! چنین دیگر زبانی
با لطیفی لاله نامد سرخ‌گل صحرایی را

کو! زبانی
واژه‌یی زیباتر از لفظ بهار
معنی بالاتر از رویش در آن روید
نروید نه
نه

مستم از شعری که بر طفل خیالم
با زبان مادری لالایی می‌خواند
کو! زبانی واژه‌یی لالایی در گهواره‌یی رویا ببیند

آنچه در بیداری بیند پارسی
مستم از مستی بسیار زبان مادرم

کو! زبانی در گلوی فاخته فارسی کو زند
[کو] چه آهنگ درازی‌ست و کتل‌های بلند
[کو]چه پرپیچ کوه معنا کز بر و دوشش فواران چشمه‌های معرفت
[کو] «دراز آهنگ پیچان و زمین‌کن»
کو! چنین دیگر زبان

مستم از شعر شراب‌آمیز شیرازی
ز دُرد مولوی

مستم از رطل گران بیدل و
آیم به رقص در بوستان سعدی
بی‌خودم از بوی عطر جامه‌یی عطار
از جام الست ناب شمس

مستم از مردافکنی‌های شراب تلخ فردوسی و
از لعل لب رودابه‌ها
مستم از می‌خانه‌های پارسی

از خماران سمرقندم
روم تا بوی جوی مولیان آرم همی
قایق رود روان رودکیِ موج‌سوار
تند می‌رانم بخارا را به عزم بلخ و ری
می‌روم تا رود گنگا
سَیل دخترهای هندی
عاشق شاخ نبات حافظم
مست تاکستانی‌ام
من غواص بحر شعرم، خراسانیم

۱۲
می‌فشانم آتشی از آه
در راه
می‌دوانم اسب مستم را شتابان
سوی دشت لاله‌زاران سمنگان
رستمم رخشم سمی دارد سفید
می‌نشانم نقش سم رخش مستم
در بیابان زمان
روی سنگ سرخ دوران
می‌چرانم رخش خود را در چمن‌زاران تاریخ
نور می‌دوشم ز پستان زنان آفتاب

۱۳
ای خاک پاک
ای خانه‌ام
جان و تن‌ام
ای عرش عشق
ای لانه‌ام
جان و تن‌ام

تن بردرم
سر بر کشم
جان بشکنم
خون از رگت
جاری کنم
جان و تنم

اشک می‌شوم
آب می‌دهم
هر قطره
در دمان تو

سبز می‌شوی
ای میهنم
جان و تن‌ام

ای هست من
ای بود من
ای تار من
ای پود من
شاد می‌شوی

ای مسکنم
جان و تن‌ام

ای قلب من
ای روح من
ای پیکر آزادی
ای قبله‌ام
ای خانه‌ام
جان و تن‌ام

۱۴
خزف‌های گهر شده

شبی از گوشه‌ای دیدم
که آهی با هزاران سردی یک درد بی‌پایان
ز تنگنای دل مسعود می‌آید
که ای یارانِ نازک فهم

خزف‌ هاتان به آب همتم خشتِ گهر گردید
نمی‌شرمید که این آب را غبارآلود می‌سازید؟

شنیدم با طناب عنکبوتان دست‌ و پای عشق را بستند
و در زندان جهل بردند
ولی با نیزه‌های تند خویش از هیبت یک جهل ترسیدید
و در باد هوس چون بید لرزیدید
مبادا لانه‌های رنگی‌رنگی تان
که با خون هزاران نرگس نو رسته آراستید، هدر گردد

شنیدم گربه‌های خفته‌یی دیروز گرد شهر می‌گردند

و مرغانِ خوش‌آوا را به سیخ جهل
به آنان گرم می‌سازید

شنیدم قلب‌ هاتان چون سیه‌چاهی تاریک است و
از خورشید می‌شرمید

شنیدم از وجود روشنی انکار می‌ورزید
و در شمع آب می‌ریزید
که در گودال بی‌نوری

نهان سازید گرگان را

شنیدم آستین‌هاتان
مکان امن مار و اژدهای شوم فرعونی‌ست
که آب زمزم عشق را می‌نوشد
و از موسی نشانی نیست

چرا این آب همت را
گل آلوداش می‌سازید
نمی‌شرمید اگر روزی که فرزندهاتان پرسند
بابا جان!
چرا همسایه‌یی دیوار به دیوار

خانه‌اش از سنگ مرمر نیست
چرا ما را غذا هر شب فراوان است
و او را نان کمتر نیست

چرا این است چرا آن نیست

جواب این همه نیست را چه خواهید گفت؟

اگرچه چهره‌یی خود را نقاب جهل بربندید
ولی در صورت وجدان چطور ماهوت می‌بندید؟

بیایید پوته‌های زینه‌یی عشق را بپیمایید
که تا از گُنبدِ دوران
ببینید راه گردون را
و چشم از راه ترکستان بربندید
که این راه، راه مسعود نیست
که این جا، جای مسعود نیست

۱۵
قصه‌ی گربه‌گکی کز سر شب گم شده بود
قصه‌ی مورکِ لنگ در غم پا
قصه‌ی ابریشم
قصه‌ی بارِ گران و
قصه‌ی دانه‌ی جو
قصه‌ی مورچه‌گکی کز ره دور آمده بود
قصه‌ی چرچر موزون ملخ

قصه‌ی خفتن خرگوش به دامان درخت
قصه‌ی عنکبوت و
قصه‌ی تار و طناب
قصه‌ی جال و قفس
قصه‌ی مرغکِ بازمانده ز خیل
و هزاران قصه‌های تر و خشک
قصه‌هایی‌ست که جنگل همه را می‌نالید
و من از پنجره‌یی کلبه‌ای خود می‌دیدم

۱۶
با خود مدارا کرده‌ای
در حلقه‌یی گیسو شبی
بر دار آویزی مرا

خود را نرنج
آرام شو
خود حلقه برگردن نهم

۱۷
به هر سو روان گردم اما نه با کشتی غیر
به هر باغ روم جز گلی را نچینم که بوی دهد غیر
گریزانم از غیر
گریزانم از خود دمی غیر از او غیر غیری شود
نیم شاعری شعر خود را فروشم به غیر
نه آن لاله من ز صحرای غیر
برویم برای دماغ کر غیر
گریزانم از غیر او هرچه غیر

مرا تیغ طبع آنچنان تنددم است
که از غیر او بگذرد
چه جای که گردد به هر غیر غیر بنده‌ای

این سروده را در نفرین حماس آن وجدان‌باخته‌گرگِ خفته در پوستین میش که در معامله با گرگ‌پروران، حقله‌ای غلامی به گردن نهاده و بهانه‌آور هجوم دیوهای خونین‌لب بوده و در لباس مجاهدت چنانی که در سایر کشورهای اسلامی این گروهک‌ها آله‌یی دست اربابان برای اشغال خاک و بدنامی اسلام بوده‌اند، نقش ایفا کرده و سبب خون ریزی هزارها انسان بی‌گناه شده‌اند. گفته‌ام:

۱۸

فلسطین فلسطین فلسطینیان
ایا قهرمانان این داستان
تو را دیو و یوز خودت کشته است
همان دیو مزدور دیو دگر
همان یوز مزدور یوز دگر

حماس است تو را دیو خون‌خوار بغل
حماس ای خدا در زبان و خدا دشمنت

تو را ننگ و ننگ بر سه ارباب تو

به دوستی نادوست اعراب تو
به بادار تو و
به دادار تو

به آن ناسپاسان خونین‌دهان
به گرگان عافیت در گرو
به بی‌هم‌زبانان تو و به من
که گر سوزی از درد و بینم نگویم سخن
بود درد تو درد من
و درد هر آن زنده‌وجدان آزادسر

اما ای شماها فلسطینیان
شما قهرمانان این داستان

ز هر ذره‌خون تن کودکات
ز اشک هزاران زن بیوه‌ات

همی سیل بنیان‌کنی خیزد و
فرو ریزد آن کاخ ظلم و براندازد آن قصر عیش حکام
و گرد گرد شهر فرو ریخته‌ات
نهیبی زند هم‌چو باد و
بپاشد به کوری چشمان دزدان خاک

۱۹

شب است و چرچر موران جنگل با صدای شرشر دریا
از آن‌سوی سیاهی‌ها
و آواز نَی مرغان صحرایی
اگرچند این چنین شامی دل‌انگیز است
ولی چشمان من در جست‌وجوی روشنایی‌ها
چنان چشمه اشک ریز است
دلم هم چون غروب شهر این میهن غم‌انگیز است

۲۰
یکی از قطره‌های قعر دریایم
که هنگام هجوم سیل بیان‌کن
رها در ساحت ساحل شدم
اما هنوز آبم
هنوز از جنس دریاهای طوفان‌خیز طغیانم
به آواز بلند موج می‌نازم
غرورم، سرکشم، مستم
و فرق هرزه‌هرسنگی
سد راه من و دیوانه‌گی‌های دلم گردد
به خشم خویش می‌سایم

هنوز بشکستن قایقچه‌یی بیگانه در تاب و توانم است
نهنگ و ماهیان این حوالی هم‌زبانم است

ز چشم صخره‌ها می‌ریزم و اشک دل کوهم
صدای آب‌شارانم
دلیل رویش کاج و درختان دراز جنگل سبزم
هنوز با خشکی می جنگم

اگر افتیده‌ام دور و

تهِ تنگنا کنار ساحلی ترک تحرک کرده‌ام
اما ترنم را نه هرگز برده‌ام از یاد
حواسم است
می‌دانم که دریایم
غرورم، سرکشم، مستم
هنوز آبم
سر آزاده دارم در خروشیدن

۲۱

یک شبی تار فتادم
ز در خانه برون
کوچه بی‌ماه و
ره صومعه معلوم نبود
رفتم و تا به در مسجد آبادی رسم
کفش از پا کشیدم که شوم وارد آن
ناگهی ساغر و صهبا و سبو را دیدم
کوزه‌های که از آن بوی شراب می‌آمد

گفتم ای وای ره خانه غلط آمده‌ای!
جای مسجد تو به میخانه قدم مانده‌ای

با شتاب چرخیدم
تا از آن درگه عصیان و گنه برگردم
که صدای پرِ آهنگ خلوص
خوش‌نوایی که ز هیچ قاری قرآن نشنیدم هنوز
نرم از آن‌سوی شراب‌خانه به گوش من گم‌گشته رسید
هان مسافرشده‌یی شهر خرد!
برنگرد
زود نرو
این سرا منزل تست

تو نه خودآمده‌یی این دم شب تا این‌جا
و نه گم‌کرده‌ای ره
آن‌که آورد تو را تا به در درگه ما
به خدا نیست کسی غیر خدا

رو به او کردم و دیدم تکه‌یی کوهی ز نور
ریخت از شاخ سرم ساقه‌یی هوش
حدس زدم کالبد خورشید نشسته آن‌جا

چشم بستم
و نگه از نگه مرشد نورانی‌نظر پوشیدم
که به خورشید کسی دیده ببستن نتوان
بی‌خود از خود شدم و زانو زدم پیش قدم‌های فروشنده‌یی می

کوزه‌ی برداشتم
دو-سه جامی هم از آن آب حیات نوشیدم
باقی‌اش را به سرم پاشیدم
یعنی خود را ز هوس‌ها شستم
و نشستم سر سجاده‌یی پاکیزه‌دلی
توبه کردم از نو

رفت از یاد مرا منبر و محراب و دورویی و دعا
ریخت از تار ریا دانه‌یی تسبیح غرور
جامه‌یی حیله دریدم ز تن و
پاره کردم دستار

شدم آن شب ز غلامان در می‌کده‌یی معرفت و عشق و صفا
تا جهان است ننوشم جز از آن ساغر انسانی‌نما

— تا درود —

برای دریافت و سفارش آنلاین این کتاب و آگهی از نشر آثار جدید حسیب احراری، به لینک زیر مراجعه کنید.

www.Barmakids.com

---

www.ingramcontent.com/pod-product-compliance
Lightning Source LLC
Chambersburg PA
CBHW031353160426
42811CB00093B/137